La bibliothèque Gallimard

Estelle Piolet-Ferrux est agrégée de Lettres modernes, enseignante en Seine-et-Marne. Elle prépare une thèse sur la poésie du vingtième siècle.

Source des illustrations
Couverture : d'après photo © Ulf Sjostedt/Getty Images.
Collection particulière : 20, 21, 59. AKG, Paris : 24. Bridgeman-Giraudon : 38. Magnum/Martine Franck : 85, 102.

Estelle Piolet-Ferrux

commente

Les planches courbes

d'Yves Bonnefoy

La bibliothèque Gallimard

Florilège

«Les planches de l'avant de la barque, courbées
Pour donner forme à l'esprit sous le poids
De l'inconnu, de l'impensable, se desserrent.
Que me disent ces craquements, qui désagrègent
Les pensées ajointées par l'espérance?»

(«Dans le leurre des mots»)

«Ô poésie,
Je ne puis m'empêcher de te nommer
Par ton nom que l'on n'aime plus parmi ceux qui errent
Aujourd'hui dans les ruines de la parole.»

(«Dans le leurre des mots»)

«([…] J'aurai barré
Cent fois ces mots partout, en vers, en prose,
Mais je ne puis
Faire qu'ils ne remontent dans ma parole.)»

(«La maison natale»)

«[…] Comment garder
Audible l'espérance dans le tumulte,
Comment faire pour que vieillir, ce soit renaître,
Pour que la maison s'ouvre, de l'intérieur,
Pour que ce ne soit pas que la mort qui pousse
Dehors celui qui demandait un lieu natal?»

(«La maison natale»)

«– Oh, s'il te plaît, sois mon père! Sois ma maison!»

(«Les planches courbes»)

Ouvertures

La parution des *Planches courbes* en 2001 constitue une charnière – un seuil – dans un double mouvement poétique, l'aube vierge d'un nouveau siècle et l'héritage foisonnant de la poésie du XXe siècle. La dimension linéaire (« planches ») et circulaire (« courbes ») que recèle le titre du dernier recueil d'Yves Bonnefoy est à l'image de cette poésie moderne dans laquelle s'inscrit ce dernier, faite de lignes droites et de virages, de directions et d'inclinaisons – ou inclinations. L'entrée en poésie d'Yves Bonnefoy est elle-même doublement symbolique : en 1946 paraît *Traité du pianiste*, dans une revue surréaliste. Entrée de plain-pied dans le réel d'un temps de guerre et dans le surréel de la littérature. Cette tension entre le réel et l'image, dans un temps où la parole est menacée d'extinction, est constitutive de toute l'œuvre de Bonnefoy. Suivre son évolution, c'est l'inscrire dans près de cinquante ans de poésie, tout en s'attachant à distinguer la profonde spécificité de l'œuvre. Quelle est la place, ou la présence, d'Yves Bonnefoy dans le champ littéraire de la seconde moitié du siècle ? Dans quelle mesure le poète s'y inscrit-il dans ce qu'il nomme une quête de la « présence » ?

Présence de la poésie autour d'Yves Bonnefoy

Yves Bonnefoy appartient à une génération de poètes qui commencent à écrire après 1945, dans un temps de détresse, dans un monde en ruine. Après une période d'entre-deux-guerres où la poésie était dominée par le surréalisme, il s'agit pour de nombreux poètes de renoncer aux prestiges de l'image aussi bien qu'aux ornements de la poésie traditionnelle. En effet, pour beaucoup de jeunes écrivains, cette catastrophe historique manifeste la faillite des grandes espérances. Le surréalisme nourrissait l'ambition d'atteindre le surréel en donnant les pleins pouvoirs à l'imaginaire, à l'image et au rêve, poursuivant l'ambition revendiquée par Arthur Rimbaud (1854-1891) de « changer la vie ». Mais la transformation n'a pas eu lieu. Et les écrivains en prennent acte. Le traumatisme que constitue la Seconde Guerre mondiale, la barbarie humaine qui s'y est dévoilée ont profondément bouleversé le champ de la poésie française. Le monde qui survit au chaos est un monde dévasté, d'où les dieux se sont retirés.

Le contexte d'après-guerre : le monde « en réparation » (Francis Ponge)

Qu'est-ce que peut être la poésie engagée ? – La perte des idéaux et des idéologies, le retrait du divin et du sens, il va incomber à la poésie de les « rédimer », pour employer une formule de Bonnefoy. Deux voies s'ouvrent aux poètes des années quarante, qui témoignent ensemble d'une volonté d'agir sur la réalité, de restaurer un lien perdu avec la « réalité rugueuse à étreindre » que visait Rimbaud. La première voie est celle de l'engagement. Nombre de poètes surréalistes se sont engagés dans la Résistance, comme Aragon ou Paul Eluard, renouant alors souvent avec la tradition poétique. Cette poésie « de circonstance », courant le risque d'être inféodée au message qu'elle véhicule, a été violemment dénoncée par Benjamin Péret dans *Le Déshonneur des poètes*. La réconciliation de la poésie et de la réalité va essentiellement s'accomplir par une autre voie, celle d'un regard humble et attentif sur le réel. Gaëtan Picon dressant un panorama de la poésie française en 1947 souligne une orientation très nette vers un « nouveau réalisme poétique ». C'est une poésie du concret qui se dessine, visant le quotidien, l'élémentaire, nourrie du désir de revenir à la plus humble, la plus proche des réalités. Fondamentalement, ce réalisme poétique se définit négativement, en réaction vis-à-vis du surréalisme et du rapport au réel. Il naît d'une double méfiance, à l'égard des images, qui nous entraînent à oublier la réalité, et à l'égard de l'éloquence des grandes causes politiques et de la poésie engagée. Les poètes se tournent vers une réalité sauvage, brute, élémentaire, primitive. Vingt ans plus tard, c'est cette même orientation de la poésie et de la réalité que souligne Philippe Jaccottet dans *L'Entretien des muses* (1968) :

« Jamais la poésie n'avait accueilli dans la parole une diversité, une intensité, une *profondeur de réalité*. »

Comment revenir à la réalité ? – Trois voies poétiques se font jour pour accéder à la réalité dépouillée. La première s'oriente vers une **poésie « objective » ou « matérialiste »**, tournée du côté des choses concrètes, des réalités les plus humbles, se tenant à ras de terre. En 1942 ont paru deux recueils importants, *Le Parti pris des choses* de Francis Ponge et *Terraqué* d'Eugène Guillevic. Le retour à la réalité s'accomplit dans l'attention aux choses et aux objets. Dans « L'Atelier », Ponge présente le poète comme un artisan qui récupère les débris du monde. Car il s'agit de prendre le monde « en réparation » en repartant du concret, du sensible, des choses humbles pour redonner figure à l'homme et à ce qui l'entoure. C'est enfin le « monde muet des choses [qui] va accéder à la parole ». Dans cette même mouvance attachée au réel le plus humble, tout en empruntant des voies originales, se situent l'École de Rochefort – fondée en 1941 par René Guy Cadou et Jean Rousselot –, André Frénaud et Jean Follain ou encore Jacques Prévert.

La deuxième voie, représentée par Yves Bonnefoy et André Du Bouchet, s'inscrit dans une dimension tragique du rapport au réel : **le réel est un horizon** vers lequel tend le poète tout en sachant qu'il ne saurait l'atteindre. Au regard de l'optimisme « malgré tout » de Francis Ponge se constitue une définition de la poésie comme « théologie négative » : le réel s'inscrit dans la poésie en creux, dans les failles du discours, les blancs. La poésie se définit comme « trous » du poème pour faire signe à une réalité qui reste indicible. Aussi devient-elle une quête de la *présence*, même infime. Dans les arts plastiques, l'œuvre de

Giacometti est emblématique. Il a traversé le surréalisme puis s'est converti à un réalisme exigeant mais désespéré. Tendant « vers une impossible ressemblance », le travail de réduction à l'essentiel aboutit à de minces figures, par soustraction de tout ce qui est inessentiel. Cette dimension d'expression et d'exorcisme se retrouve chez le poète André Du Bouchet : « tout le monde venait de s'effondrer », « j'écris pour retrouver une relation perdue ».

Ces deux poètes conservent une ambition quasi philosophique dans leur poésie, une « hauteur de ton » que d'autres poètes refusent, préférant « **mettre la sourdine** » (Jaccottet) dans une poésie plus proche de la réalité quotidienne, du langage commun. Cette troisième voie est notamment représentée à travers deux revues, *Revue 84* et la *NRF*. La première, à travers les poèmes de Pierre Leyris ou Henri Thomas, inscrit le prosaïque, le quotidien dans une poésie sur le ton de la confidence, de la conversation, de l'intimité, allié au choix de la forme versifiée. La seconde revue constitue le cercle plus large des écrivains de la NRF, sous la direction de Jean Paulhan dès 1953. Le goût de ce dernier pour les formes classiques et le sens du mystère le porte à accueillir des poètes au langage humble, dénué d'éloquence et d'excès. La poésie s'y définit en creux comme *sermo humilis*, à travers les poèmes de Jean Follain, Jules Supervielle ou Philippe Jaccottet. On songe à la célèbre formule de Jaccottet tirée de *L'Ignorant* : « L'effacement soit ma façon de resplendir. » Le rapport au réel est pressenti sur le mode de l'approche, tentant de franchir la distance qui sépare la poésie du réel mais sans vouloir l'effacer complètement.

Le règne du langage – Le souci de prendre en réparation le monde allié à la conscience des limites de la parole laisse peu à peu place à une préoccupation dominante, celle du langage. L'œuvre littéraire tend à se concevoir de plus en plus comme œuvre de langage. Ce dernier devient peu à peu le principal objet de réflexion aux dépens de la question du monde. Après Tardieu et Queneau qui, dans les années 1950, ont poussé jusqu'à l'absurde un langage tournant à vide, une poésie centrée sur la lettre et le phonème* s'est développée. L'attachement à la

* Les mots signalés par un astérisque sont définis dans le glossaire (p. 104).

pure matérialité verbale trouve son accomplissement dans des avant-gardes poétiques. Dadaïsme et futurisme du premier quart du XXe siècle, visant à libérer les mots du sens et de la syntaxe, à créer des effets visuels et rythmiques, trouvent un prolongement dans le lettrisme fondé par Isidore Isou, la poésie sonore qu'Henri Chopin nomme le « bruitisme », ou encore le spatialisme de Pierre Garnier. *La Dictature lettriste* insiste sur les potentialités poétiques d'un « matériau nouveau qui n'a plus de sens, plus de logique », mais qui possède une musique, une « sensibilité sonore ». Ces tentatives, au succès relatif, participent d'une évolution où triomphe l'expérimentation verbale.

Le tournant des années 1960 et 1970 : le monde « tel quel »

Poésie* versus *théorie – La poésie, comme la société des années 1960, est en crise. L'essor du grand mouvement intellectuel critique, le **structuralisme**, affaiblit considérablement la poésie face à la théorie littéraire. Le modèle de la linguistique joue en cette période un rôle moteur. En 1965 sont introduits en France les écrits des formalistes russes, traduits notamment par Tzvetan Todorov. Le travail de Roman Jakobson, et particulièrement son chapitre « Linguistique et poétique », influence la critique dans la théorie et la pratique littéraires. Le structuralisme domine la scène intellectuelle française, en littérature, philosophie et sciences humaines. Il s'agit d'expliquer une œuvre littéraire par toutes les structures internes productrices de sens : composition, construction sémantique, réseaux phonétiques. Cette « littérarité », comme la nomme Jakobson, du texte littéraire est promue aux dépens de l'auteur et de la vision du monde. Ce que Philippe Sollers appellera l'« écriture textuelle » trouve sa justification dans la **fonction poétique** définie par Jakobson comme « visée du message en tant que tel », l'accent étant mis sur la forme du message, auto-référentielle. Cette fonction devient pour certains une définition de la poésie elle-même. Ce courant poétique moderne remonte à Stéphane Mallarmé qui s'était attaché à émanciper le signifiant*, à le travailler indépendamment du sens et de la référence. Ainsi dans son sonnet en « yx » s'était-il réjoui de réussir à « céder l'initiative aux mots », en créant le

« ptyx » sans référent, mot-objet, riche de ses sonorités, inventé « par la magie de la rime ».

Poésie en laboratoire – L'année 1960 voit la création de deux mouvements qui marqueront profondément le champ poétique de cette période. L'***Oulipo***, Ouvroir de littérature potentielle, naît de la rencontre de deux mathématiciens, François Le Lionnais et Raymond Queneau. Le projet se veut défense et illustration des vertus de la contrainte comme ressort de la création poétique. Il s'agit d'explorer le potentiel inscrit dans le choix de contraintes formelles, linguistiques, prosodiques*, de composition. Désireuse d'en finir avec le lyrisme* et le mythe de l'inspiration, l'écriture poétique s'envisage comme un mélange de tradition et d'innovation. En témoignent par exemple les *Cent Mille Milliards de poèmes* de Raymond Queneau, recueil dans lequel dix sonnets et un dispositif combinatoire peuvent engendrer un nombre infini de poèmes. L'émancipation du signifiant* aux dépens du signifié*, le rôle de l'arbitraire posent la question des rapports entre forme et sens : « Les mots sont aussi des objets fabriqués, on peut les envisager indépendamment de leur sens », rétorque Raymond Queneau. Jacques Roubaud s'appelle lui-même « compositeur » et non poète.

La même année paraît le premier numéro de la revue *Tel quel*, qui deviendra une sorte de laboratoire de la théorie littéraire. Ce nouveau mouvement, qui compte peu de poètes, se regroupe autour de Philippe Sollers, Marcelin Pleynet, Denis Roche et Julia Kristeva. En réaction contre les thèses de l'engagement, il va de plus en plus recentrer la littérature sur son objet propre. Le titre de la revue est un emprunt à Paul Valéry, dont le recueil de réflexions sur les moyens et les fins de la poésie est intitulé *Tel quel*. Les deux épigraphes des premiers numéros sont, elles, empruntées à Nietzsche – « Je veux le monde et le veux tel quel » – et au poète autrichien Hölderlin – « Le monde est devant moi plus clair que jamais et plus grave. Je suis content tel quel de ce qui m'arrive. » D'inspiration pongienne à ses débuts, la revue envisage alors la poésie comme « découverte d'un monde dont notre attention trop souvent se détourne ». Michel Deguy, André Du Bouchet et Jacques Dupin figurent au sommaire des premiers numéros, avant que la revue ne mette progressivement au jour une radicalisation orientée vers le « textualisme », autour de Michel Foucault, Roland Barthes, Jacques Derrida, Julia Kristeva et Roman Jakobson. En effet, à l'automne 1967, la revue publie son « Programme » et peu après commence la dispersion des anciens collaborateurs de la revue. Francis Ponge finit également par s'éloigner du mouvement, non sans violence, comme en témoigne le tract « Pour qui donc se prennent ces gens-là ? ». En 1979, il se souviendra de cette période et rappellera l'exigence de communicabilité de la poésie : « Il faut avoir un désir d'exprimer. C'est ce qui m'éloigne des purs formalistes, qui croient tout faire avec des mots sans avoir ressenti la moindre émotion. » On entend résonner ici la formule de René Char, pour qui les mots sont une « matière-émotion ».

Le renouveau lyrique – L'année 1967 est marquée par un double virage : la radicalisation textualiste de la revue *Tel quel* et simultanément l'alternative lyrique de la revue *L'Éphémère*. Créée à l'initiative d'André Du Bouchet, Yves Bonnefoy, Louis-René Des Forêts, Gaëtan Picon, puis Jacques Dupin, Michel Leiris et Paul Celan, la revue va, durant six années, interroger les limites du langage, au nom de la devise de Plotin : « Quel discours est possible lorsqu'il s'agit de ce qui est absolument simple ? » Bonnefoy dans le « prière d'insérer » signe une tentative d'approche problématique mais intense du réel, à condition que les mots ne se prennent pas pour leur propre fin, insistant sur l'« approche poétique du réel », car « l'œuvre est le moyen et non la fin ». Visant l'ascèse, l'économie de mots plutôt que la confiance dans le pouvoir du langage, les poètes placent la revue sous le patronage de Giacometti, incarnant cette tentative tragique qui cherche à rejoindre une réalité sans jamais y parvenir. *L'Éphémère* sera relayée à partir de la fin 1974 par la revue *Argile*, animée par Claude Esteban. « Entre les rhétoriques anguleuses et l'éperon intraitable des idéologies, est-il place aujourd'hui pour le poème ? » interroge ce dernier. Accueillant Dupin, Du Bouchet, Lorand Gaspar ou Pierre-Albert Jourdan, la revue s'ouvre à une poésie nouvelle, du côté des « naïfs », dans laquelle le poète réaffirme sa croyance dans le « pouvoir [des] mots de convoquer l'obscur », dans le « souffle qui les traverse » (Esteban). D'autres cheminements poursuivent la veine lyrique, ceux solitaires d'André Velter, de Lionel Ray ou de

James Sacré, ceux de la revue *Digraphe* avec Jean Ristat et Mathieu Bénézet, et surtout ceux de l'aventure des *Cahiers du chemin*, laboratoire de Gallimard créé en 1967 et dirigé par Georges Lambrichs. S'y retrouvent des collaborateurs interrogeant le rapport de l'écriture à la vie, soit théoriciens comme Henri Meschonnic ou Michel Deguy soit poètes comme Jacques Réda, Jude Stéfan, Georges Perros ou Gérard Macé.

À partir des années 1980 : le retour du lyrisme ?

Les années quatre-vingt marquent la fin d'une époque et un nouveau tournant dans la poésie française. En effet, c'est en 1981 que paraît le dernier numéro de *Tel quel*, remplacé par la revue *L'Infini*, fondée par Philippe Sollers sur de nouvelles bases intellectuelles et idéologiques. Les revues issues du formalisme, comme *Change* ou *TXT* – animée par Christian Prigent – se sont peu à peu émancipées. Dans le même temps, Yves Bonnefoy succède à Roland Barthes à la Chaire de poétique au Collège de France, marquant ainsi un déplacement des centres d'intérêt. Cette évolution s'accompagne d'un essoufflement de la vague formaliste sur le modèle structural et du développement d'une linguistique de l'énonciation, replaçant le sujet locuteur au centre du travail poétique. Ce retour du sujet s'accomplit dans de nombreux domaines, en philosophie et en littérature, relançant le débat autour du biographique, au moment même de la conversion des représentants du Nouveau Roman à l'autobiographie (Alain Robbe-Grillet et *Le miroir qui revient*, Nathalie Sarraute et *Enfance*, Marguerite Duras et *L'Amant* ou Claude Simon et *L'Acacia*).

Peut-on parler d'un « néo-lyrisme » ? – L'ambiguïté de la question du sujet lyrique et biographique pose les bases d'un débat sur la possibilité d'un « nouveau lyrisme* ». Ne s'agit-il pas plutôt d'un « néo-lyrisme », s'exclament les pourfendeurs du lyrisme, qui dénoncent un retour à un nouveau romantisme qui ne ferait que reconduire une ligne esthétique et poétique. Ce « néo-lyrisme » ne serait qu'une vieille recette, sentimentale et idéaliste. Il signerait « le retour des émigrés », la restauration de ce que Christian Prigent nomme la « béance baveuse du moi ». Pourtant, les jeunes auteurs qui commencent à publier s'affichent comme poètes « lyriques », tels Jean-Michel Maulpoix, Yves Peyré ou Philippe Delavaux. Certains poètes formalistes se convertissent à une écriture plus lyrique, comme Jacques Roubaud dans *Quelque chose noir*, Marcelin Pleynet ou encore Lionel Ray, oulipien à ses débuts. Le lyrisme* se désigne désormais comme « invention » autant qu'« expression » de soi. Loin de l'interprétation faussée du lyrisme romantique comme expression du moi et du sentiment personnel, cette ligne nouvelle se veut lyrisme de l'altérité plus que de l'identité. Ce qui s'y exprime est un sujet précaire, incertain, en proie au doute sur sa propre légitimité. On a ainsi pu parler de « lyrisme critique ». Le nouveau lyrisme se caractérise par une ouverture aux autres et au monde, qui construit le sujet lyrique. Aux côtés de poètes inclassables comme Dominique Fourcade se développe une poésie qui accueille l'altérité, voire une transcendance, dans le renouveau du lyrisme religieux de Christian Bobin ou Jean-Louis Chrétien. Cette ouverture vers le dehors, vers la réalité quotidienne et familière, participe de ce que Pierre Reverdy appelait le « lyrisme de la réalité », cultivé notamment par Jacques Réda. Ce dernier prend en 1987 la direction de la revue *NRF*, qui devient un pôle conservateur d'expression du lyrisme contemporain, plus particulièrement de la défense du vers.

L'ouverture à l'altérité prend de plus en plus la voie d'une ouverture au monde, qui oblige à sortir du textualisme et du sujet pour faire émerger une mise en relation, voire une interaction du moi, du monde et des mots. Car l'émotion poétique est aussi étymologiquement « é-motion », mouvement de sortie hors de soi. En regard du paysage urbain de Jacques Réda s'approfondit l'attention portée à la terre, avec Philippe Jaccottet, André Frénaud ou Yves Bonnefoy, et une interrogation plus philosophique avec Roger Munier. La poésie voyageuse d'André Velter et de Kenneth White interroge le rapport de l'homme avec le monde et mène le poète sur la voie de ce que ce dernier nomme une « géopoétique ». À l'enfermement dans la subjectivité se substitue le « *Weltinnenraum* » de Rainer Maria Rilke, l'espace intérieur du monde qui réhabilite le « sentiment de la merveille » (selon l'expression de Julien Gracq). Les expériences poétiques maintiennent à l'horizon de la poésie la possibilité d'un étonnement devant le monde, d'une rencontre avec le monde.

Littéralité contre lyrisme – Contre cette ouverture se fédère une « résistance antilyrique », autour de la notion de « littéralité » fondée par Jean-Marie Gleize. Il s'agit non seulement de travailler la « lettre », le matérialisme de la lettre, dans la lignée de *Tel quel*, mais aussi de dire « littéralement » les choses, sans recours à l'image, qui enjolive la réalité et la rend subjective. Ce courant littéraliste, autour de Jean-Marie Gleize, Christian Prigent et Emmanuel Hocquard, s'inspire de l'objectivisme américain qui vise une création verbale au second degré, reprenant des énoncés antérieurs, des lieux communs pour éviter de laisser trop d'initiative à la subjectivité. Si la poésie traditionnelle cherche à rétablir un lien avec le monde, la poésie contemporaine ne doit pas chercher à réparer mais à l'aggraver, renoncer à l'illusion d'une langue de connivence avec le monde. Pour Christian Prigent, « le parlant est un partant ». Face à la « muette stupidité du monde », il s'agit de mettre « sur la poésie [...] moins des noms que des nons ». Le littéralisme serait donc un réalisme intégral. Est-il possible pourtant d'aller aussi loin que Denis Roche qui affirme que « la poésie est inadmissible, et d'ailleurs elle n'existe pas » ?

Connaître les enjeux d'un demi-siècle de poésie n'est sans doute pas une absolue nécessité pour franchir le seuil de l'auteur des *Planches courbes*, qui se veut quête et expression de la simplicité dans la plénitude du sens. Pourtant Bonnefoy s'inscrit de façon majeure dans le champ poétique de son temps, par son activité créatrice, critique et didactique. Certaines questions essentielles de sa poétique comme le rapport à l'image, l'attention au réel ou le choix du vers ou de la prose sont indissociables d'un rapport au monde qui ne soit pas coupé des grandes questions de son époque. C'est à la fois conscient et confiant que Bonnefoy poursuit sa voie en poésie, emprunte « ces chemins, ô beaux enfants », dont il espère qu'ils vont mener à la *présence,* qu'il ne cesse de viser à travers l'évidence du rapport au monde.

Yves Bonnefoy : poésie de la présence

Une double quête : le « sens » dans la « présence »

« Y a-t-il un *concept* d'un pas venant dans la nuit, d'un cri, de l'éboulement d'une pierre dans les broussailles ? De l'impression que fait une maison vide ? » Cette question pose à elle seule les enjeux de la poésie de Bonnefoy, qui fait face au désarroi, au fugace, à la blessure, et les intègre afin de saisir la profonde réalité. C'est par un ensemble de signes que le poète peut faire l'expérience du monde, d'un monde sensible, à la fois éternel et précaire. Par ses ruptures et sa part d'ombre, le poème porte les traces de cette approche, de cette interrogation perpétuelle des signes et de la présence, de cet affrontement avec l'éphémère. Le refus de l'ornement et l'exigence d'une parole fondée sur un rapport au réel visent l'alliance entre vérité et simplicité : « Affirmer le simple : c'est tout de même bien plus, cela résonne plus haut que la création de quelque nouvel univers » (*Le Nuage rouge*). Expérience de l'évidence, quête de transparence, l'affirmation du simple rejoint l'autre impératif éthique du poète, le « devoir de donner un sens à ce qui est ». C'est le message fort de la *Leçon inaugurale* au Collège de France :

> « Ce fait, [...] et sous le signe de quelle urgence ! que nous continuons à avoir besoin, pour simplement désirer survivre, d'un sens à donner à la vie. »

Or ce « sens » est à la fois une approche d'explication du monde, une direction de la quête itinérante, un accueil dans le corps du monde sensible, et l'avènement d'une parole, « ce sixième et ce plus haut sens » (*L'Improbable*). Le « sens » s'inscrit à la fois dans le corps (les sens) et dans le lieu (la direction) et cristallise l'enjeu de la poésie de Bonnefoy. Cette relation problématique du corps et du lieu était déjà sensible dans la correspondance de trois titres de *Douve* : « Vrai nom », « vrai corps » et « vrai lieu ». Et la permanence dans les titres de recueil, de *Douve* aux *Planches courbes*, de la sonorité [u] semble témoigner poétiquement de l'obsession de la présence, à travers la question : « où ? ». L'interrogation sur l'identité du lieu est récurrente chez Bonnefoy parce qu'elle vise la « présence », la saisie des signes et l'authenticité du réel, dans une poésie incarnée. Si le poète demande dans *Hier régnant désert* : « Et toi, ombre dans l'ombre, où es-tu, qui es-tu ? », c'est que « le corps, le lieu [sont] le nouvel horizon et le salut du discours » (*L'Improbable*).

Yves Bonnefoy formule ainsi le vœu d'une adhésion au monde, dont il sait aussi qu'elle ne peut s'accomplir que sur le mode de l'approche. Le désir du vrai lieu, « serment de la poésie », reste de l'ordre du pressentiment, mais constitue le moteur de la quête poétique. Le poète maintient dans un même élan l'espoir et le doute, l'exil et la clarté, l'intuition du *rivage* et la conscience du *mirage*. Le vrai lieu et la présence demeurent un horizon poétique.

L'évolution poétique de l'œuvre de Bonnefoy

Une poésie si incarnée et si exigeante est-elle alors possible ? Conscient du leurre du seuil et des mots, c'est dans le même élan qu'il affirme : « Il se peut que la poésie ne soit qu'espoir sans issue » (*L'Improbable*), et : « Je voudrais réunir, je voudrais identifier presque la poésie et l'espoir. » Cet acte à la fois de lucidité et de foi en la poésie, souci majeur des poétiques modernes, souligne en même temps le classicisme d'Yves Bonnefoy, au sens que Paul Valéry, dans une étude sur Baudelaire, donne à ce terme : « Classique est l'écrivain qui porte un critique en soi-même, et qui l'associe intimement à ses travaux. » Le cheminement d'Yves Bonnefoy est autant création d'une œuvre poétique que réflexion sur sa propre écriture. L'évolution des recueils poétiques témoigne de cette pensée du « désarroi » qui cherche toujours, « malgré tout », à faire l'épreuve du réel pour saisir la présence.

Le corps et les mots à l'épreuve – Les trois premiers recueils constituent respectivement l'épreuve de la mort, l'épreuve du temps et l'épreuve de l'autre. Dans *Du mouvement et de l'immobilité de Douve*, la nature variable de Douve (femme, lande, village, rivière, présence) en fait l'incarnation de la présence, toujours menacée par la mort. Le poète doit traverser l'épreuve de Douve, celle de la mort rendue sensible. La mort de Douve devient à la fois le signe pour la poésie de la traversée nécessaire de l'épaisseur matérielle du langage et le chemin de sa vérité. Le recueil suivant *Hier régnant désert*, plus mélancolique, se caractérise par l'épreuve du temps. S'y dévoile peu à peu un art poétique de la finitude, du vieillissement, de la patience. Par la médiation du mythe du Graal, métaphore de la quête du temps, s'accomplit le passage d'une temporalité redoutée à une temporalité acceptée. Sept ans plus tard paraît *Pierre écrite*, qui marque un changement radical. Par l'épreuve de l'autre, la mélancolie est reléguée dans le passé et la méditation introspective a laissé place à une ouverture au « nous », à la réalité extérieure qui triomphe sur la mort. La relation amoureuse devient le principe même d'un réinvestissement lumineux de la réalité sensible. Le « sens » se couple avec le mot « naissance ». Une prosodie* plus libre accompagne une sorte d'effacement des limites entre le corps et la terre, d'expérience de l'être comme transparence, à travers la richesse sensorielle de la présence.

L'approche d'un art poétique – Pour autant l'avènement progressif du simple et de l'ouverture au monde ne s'accomplit pas sans mise en doute ni ambiguïté. La promesse de la présence peut coïncider avec son retrait comme l'indique le titre *Dans le leurre du seuil*, écrit dix ans plus tard, en 1975. La maturation des intuitions, le caractère récapitulatif du texte et la liberté dans le choix des mètres en font le recueil le plus ambitieux de Bonnefoy. L'expérience de la cinquantaine et de la paternité modifie le rapport à ses « années profondes ». Le recueil se lit comme une sorte d'art poétique en acte : le texte est un lieu de réflexion sur ce que l'auteur attend et espère de la poésie, selon une variation entre notations sensibles et interprétation réflexive. Un lieu de haute Provence, une abbaye transformée en ferme au XVIIIe siècle, se fait métaphore de la demeure et de l'existence terrestre. Le rapport étroit à la terre, dans sa dimension sensible et nourricière, apparaît finalement comme la voie du consentement et une forme d'aboutissement de la quête poétique. Mais la voix reste inquiète et fait l'expérience du déchirement, dans la tension entre la réalité et la recherche d'un infini. Le réel est pressenti comme un seuil, qui peut se révéler être un leurre à qui ne noue pas une expérience intime avec le monde, dans son imperfection même. Le retour à l'enfance, à son adhésion spontanée et simple au monde, devient le symbole d'un lien de confiance retrouvé. Il restaure la possibilité d'« habiter poétiquement la terre », selon l'expres-

Yves Bonnefoy photographié en 1964 devant sa maison de Valsaintes. La porte sur laquelle il s'appuie est évoquée dans plusieurs recueils du poète, *Dans le leurre du seuil* et *Pierre écrite*. Vous pouvez déjà être attentif aux mots « seuil » et « pierre ».

Voici (p. 21) quelques mots de la main d'Yves Bonnefoy, accordés à la fresque de Giovanni Spanzotti, *Adam et Ève chassés du Paradis*, peinture et mots servant d'ouverture à *L'arrière-pays*, un texte de 1972.

J'ai en esprit
une phrase de Plotin
— à propos de
l'Un, me semble-t-il,
mais je ne sais plus où
ni si je cite correctement :
" Personne
n'y marcherait comme
sur terre étrangère ".

sion du poète Hölderlin, dans la conscience et le consentement à notre finitude. Le recueil suivant, *Ce qui fut sans lumière*, daté de 1987, renouvelle l'adhésion au monde garantie par le naturel de l'enfant, qui conjure la tentation de l'ailleurs ou de la chimère. Bonnefoy poursuit sa réflexion sur l'image, considérée à la fois comme la fatalité et la chance du langage. Cette réflexion va de pair avec sa prédilection pour la peinture de paysage, certains poèmes du recueil étant inspirés des peintres Claude Lorrain et Constable. À partir du recueil *Début et fin de la neige*, en 1991, le vers entre en proximité nouvelle avec la prose, révélée par une diction volontairement dépouillée où la sobriété témoigne du vœu de transparence. La poésie se resserre autour du simple et évolue vers sa propre contestation.

L'activité poétique comprend chez Bonnefoy une ultime dimension, celle de la traduction. Bonnefoy a traduit les plus grandes tragédies et les poèmes de Shakespeare, des poèmes de Keats et de Leopardi. Le choix de Shakespeare est particulièrement significatif. Bonnefoy voit dans Hamlet l'emblème poétique de la modernité, seul face au doute. La traduction en vers combinée à la mise en évidence de l'oralité de la parole dramatique représente pour le traducteur un véritable défi poétique.

Le goût de la prose – Dès 1959, l'œuvre en vers s'accompagne de récits et poèmes en prose, d'importance croissante. L'expérience décisive est la rédaction en 1970-1972 de *L'Arrière-pays,* qui déclenche chez le poète une tendance rétrospective, accompagnée de rêves, alliée à une tournure réflexive décisive. Cette mise en branle du caractère onirique* de l'écriture trouve un premier aboutissement en 1987, date à laquelle le poète regroupe ses récits sous le titre générique *Récits en rêve*, dont la logique discursive mime les articulations propres au rêve, dans une dimension d'entre-deux. La confiance accordée au rêve constitue un abandon mais aussi une mise en abyme de l'importance reconnue à l'inconscient, dont les voies souterraines participent de la création poétique. Le recours au rêve contribue à une saisie plus profonde de la réalité par la possibilité de lier entre eux, voire de fondre, des espaces ou des temps séparés. Le navire, le train ou la marche sont souvent les supports métaphoriques d'un mouvement qui se comprend comme approche la plus authentique possible de la réalité.

Chez Bonnefoy, l'expérience de la création poétique s'est depuis toujours accompagnée d'un doute portant sur la légitimité même du poème. La lucidité critique est apparue comme un contrepoids nécessaire. En outre, dans une approche autant littéraire qu'artistique, Bonnefoy s'est beaucoup interrogé, pour ses cours et ses conférences, sur des œuvres dont il se sentait proche. La critique de Bonnefoy est une critique de participation, presque un « dialogue fraternel », comme le souligne son ami J.E. Jackson. Il s'agit de comprendre avant tout un projet, qui mêle une dimension esthétique autant qu'existentielle, mais aussi qui unit l'auteur et le lecteur de l'œuvre. Ce projet est un projet de connaissance mais aussi de réparation, proche d'une quête de salut qui motive l'écriture. Le cercle de ses auteurs de référence est relativement délimité : Shakespeare, qu'il traduit, Racine, les grands poètes romantiques (Hölderlin, Leopardi, Wordsworth, Marceline Desbordes-Valmore, Nerval et Baudelaire), puis Stéphane Mallarmé et Arthur Rimbaud, plus tard encore André Breton, Pierre Jean Jouve, Paul Celan et Pierre-Albert Jourdan.

La critique d'art occupe une place tout aussi importante chez Bonnefoy. Son goût pour la peinture est consubstantiel à son goût pour la poésie. Sa critique s'est essentiellement concentrée sur la période allant du Quattrocento à Nicolas Poussin. Parallèlement à ce travail d'histoire de l'art, Bonnefoy a beaucoup écrit sur ses contemporains. L'un d'eux occupe une place à part, Giacometti, à qui Bonnefoy a consacré une œuvre monumentale, la *Biographie d'une œuvre.*

Au seuil des *Planches courbes*

Le dernier recueil d'Yves Bonnefoy plonge le lecteur « dans le leurre du seuil ». C'est bien au *seuil* d'un nouveau siècle de poésie que s'inscrit la lecture de l'œuvre, parue en 2001, et les « planches » placent bien le lecteur face au « chambranle » de la porte, seuil qui est autant un cadre poétique qu'un lieu de solitude. Mais l'oxymore* du titre découvre la menace du *leurre*, ouvrant un horizon d'attente qui sollicite et inquiète à la fois le lecteur. Et le double seuil que constituent le début et la fin du

Voici comment Bonnefoy parle d'Alberto Giacometti : « Il faut qu'à chaque seconde cet être se dresse en soi pour continuer d'être [...]. Et l'élongation des figures, cette façon qu'elles ont maintenant de porter très haut dans l'absolu leur tête réduite à son énergie vitale, laissant la matière au-dehors, quitte à la saisir dans les rets de cette énergie au travail, c'est simplement et totalement le chiffre de ce mystère. »

recueil réveille et révèle les ambiguïtés du langage et de l'expérience du monde : les titres de section « La pluie d'été » et « Jeter des pierres » se font écho, dans une saisie du monde à la fois positive et négative. C'est que Bonnefoy, dans son cheminement dans le temps et la poésie, est devenu « pas à pas, le nautonier [qui] est passé de la proue à la poupe », de l'enivrement au déchiffrement critique du monde.

Résonances du recueil

Les Planches courbes, recueil issu de publications successives, tisse avec les recueils précédents un réseau d'échos nombreux. La section « Dans le leurre des mots » rappelle le titre *Dans le leurre du seuil*. Le retour quasi obsessionnel du titre « Une pierre » fait songer à *Pierre écrite*. Plus encore l'alternance de « Une voix » et de « Une pierre » dans la première partie de notre recueil correspond avec celle de *Pierre écrite*. Et dans le dixième poème de « La maison natale », la parenthèse sur le souvenir associe la « pierre » et la « voix » quand repasse le navire de la vie avançant vers la mort, dont les voiles « couvraient des claquements de leur silence / le bruit, d'eau sur les pierres, de nos voix ».

Les échos sont également internes au recueil, qui est rythmé par plusieurs formes de permanence : le motif fondateur de la « pierre », mais aussi la permanence du souvenir, notamment dans « La maison natale », où les figures de l'enfance conduisent le poète à s'interroger sur son rapport au réel, aux êtres perdus, et au langage. Enfin se lit et s'écoute la permanence d'une voix, « voix lointaine » mais voix persistante malgré tout, métaphore de l'inspiration poétique, distillant un chant précaire, « mon bien unique ». Le projet poétique associe ainsi un constat d'évidence, une qualité d'ouverture au monde et une réflexion sur le langage propre à communiquer la présence. Et si le poète a conscience « des mots qui offrent plus que ce qui est ou disent autre chose que ce qui est », il ne manque pas d'ajouter : « Mais il me semble aussi que n'est réelle que la voix qui espère. »

Le thème général du recueil, marqué par une tendance narrative nouvelle, est l'évocation plus ou moins trouble de souvenirs d'enfance que le poète lie intimement au désir d'une permanence : « Que ce monde demeure », « que tant d'évidence ne cesse pas ». La composition en sept sections inégales, par leur longueur et leur cadre formel, fait alterner la saisie immédiate du réel et le cheminement du rêve, la superposition des temporalités et la clarté d'un souvenir précis, l'adhésion au monde et la réflexion critique. La dimension « autobiographique » conduit la réflexion du poète de l'*in-fans* qu'il fut – étymologiquement celui qui ne parle pas, ne possède pas les mots – au poète qu'il est devenu, qui possède les mots mais s'interroge sur leur légitimité à dire le monde. La quête de l'origine dans cette remontée à l'enfance relève aussi d'un retour à l'origine de la vocation poétique.

Planches et courbes à la fois ?

Que désignent alors ces énigmatiques et prosaïques « planches courbes » ? Les valeurs sémantiques* du titre s'opposent. En effet la « planche » désigne une pièce de bois plane, plus longue que large. Elle s'oppose à l'adjectif « courbe » qui correspond à une forme ou une direction qui ne comporte aucun élément droit ou plan. Les valeurs métaphoriques* surtout sont importantes et réorientent le sens du titre. En effet, le matériau – le bois – et la résistance de la planche ont développé une valeur positive d'« appui », voire une fonction salvatrice, qui s'oppose une fois encore aux valeurs d'assujettissement, de soumission, voire de déformation du mot « courber ». Cette résistance du bois doit-elle cependant s'opposer systématiquement à la courbure de la matière ? Il faudra revenir sur cette valeur circulaire de « repli » et de « courbe ». C'est bien dans la tension entre résistance et consentement, dureté et douceur, précarité et espérance qu'avancent les poèmes dans la barque de la poésie. Mais maintenons au seuil du recueil l'horizon ouvert...

Ce mouvement à la fois linéaire et courbe, obstiné et tâtonnant, représente la quête d'élucidation du poète, la résistance à l'énigme du monde à travers le vœu de simplicité. C'est à une lecture à la fois fraternelle et lucide des *Planches courbes* que nous convie le critique et ami de Bonnefoy J.E. Jackson (*Le Temps*, 6 octobre 2001) :

« Je sais [...] que, pour quelqu'un qui accompagne l'œuvre de Bonnefoy depuis longtemps, il n'y [...] a pas beaucoup de [livre] plus émouvant. En effet, Bonnefoy s'y situe au plus près, au plus intime de soi-même, comme si, l'âge aidant, se clarifiaient, sinon s'élucidaient en lui les énigmes auxquelles son œuvre entière aura tenté de répondre. Ces énigmes sont celles à partir desquelles tant d'œuvres poétiques se seront écrites depuis un ou deux siècles : le rapport des mots aux choses, le visage si simple et si inaccessible de la beauté, l'origine de l'inspiration, la relation toujours simple et toujours obscure à la mère, au père, à la voix. »

Quand vous aurez à votre tour « accompagné » une partie de l'œuvre de Bonnefoy, par la lecture du recueil, revenez à cet hommage et confrontez-le avec vos propres impressions de lecture.

Vous retrouverez les citations du recueil dans l'édition du Mercure de France (2001) ou de Poésie / Gallimard (2003) aux pages indiquées entre parenthèses.

Histoire et culture au temps de Bonnefoy

	Histoire	Culture	Vie et œuvre de Bonnefoy
1923			Naissance le 24 juin à Tours.
1928		Eluard : *L'Amour, la poésie.*	
1931	Paul Doumer élu président de la République.	Jouve : *Les Noces.*	
1932		Céline : *Voyage au bout de la nuit.*	
1936	Victoire du Front populaire aux élections législatives.		Mort de son père. Dernières vacances dans la maison de Toirat (Lot).
1941	Gouvernement de Vichy.	Fondation de l'École de Rochefort.	Baccalauréats de mathématiques et de philosophie. Lectures de Breton et Eluard.
1943	Création du Conseil national de la Résistance par Jean Moulin.		Départ pour Paris dans l'intention de se consacrer à la poésie. Intérêt pour les mathématiques et l'histoire des sciences.
1945-1946	Conférence de Yalta. Création de l'ONU. Capitulation allemande le 8 mai. Bombe atomique sur Hiroshima le 6 août. Début de la guerre d'Indochine (1946).	Prévert : *Paroles* (1945), Saint John Perse : *Vents* (1946).	Fréquente les milieux surréalistes. *La Révolution de la Nuit*, une petite revue, et *Traité du pianiste*. Rencontre les peintres Brauner et Ubac. Visites à Breton.
1947	Succès du Parti communiste français. Vagues de grèves violentes.	Jean Follain : *Exister*, Queneau : *Exercices de style*.	Lectures de Bataille, Artaud, Jouve, Eluard, Wahl et Dante. Rupture avec André Breton.
1948-1953	L'ONU adopte la Déclaration universelle des droits de l'homme fin 1948.	Sartre : *Qu'est-ce que la littérature ?* (1948), Char : *Fureur et Mystère* (1948), Cioran : *Précis de décomposition* (1949), Beckett : *En attendant Godot* (1953).	Diplôme de philosophie. Séjours en Italie, aux Pays-Bas, en Angleterre. *Du mouvement et de l'immobilité de Douve* en 1953. Rencontres : Jouve, Du Bouchet, Jaccottet, Dupin.
1954-1957	Sartre rompt avec le parti communiste. La France reconnaît l'indépendance de l'Indochine. État d'urgence en Algérie.	Prix Nobel (1957) de littérature décerné à Camus.	Traduction de plusieurs pièces de Shakespeare, dont *Hamlet*. Rencontre André Frénaud, Alberto Giacometti.
1958	Traité de Rome, entrée en vigueur de la CEE. De Gaulle président de la République.		*Hier régnant désert*. Premier voyage aux États-Unis (Harvard).
1959	Début de la Ve République.		*L'Improbable*, recueil d'essais sur l'art et la poésie.
1960		*Jules César*, à l'Odéon, traduction d'Yves Bonnefoy, mise en scène de J.-L. Barrault, décor de Balthus.	Régulièrement invité par des universités françaises ou étrangères.

		Fondation de l'OULIPO et de la revue *Tel quel*.	
1962	Accords d'Évian, indépendance algérienne.	Char : *La Parole en archipel.*	
1965	Le général de Gaulle réélu président de la République.		*Pierre écrite*, nouveau recueil différent de celui de 1958.
1967			Fondation de *L'Éphémère* (jusqu'en 1972).
1968	Événements de mai. Signature des Accords de Grenelle.		Mariage avec l'artiste new-yorkaise Lucy Vines.
1971		Tournier : *Le Roi des Aulnes.*	Prix des Critiques pour *Rome, 1630.*
1972		Roche : *Le Mécrit*. Du Bouchet : *Qui n'est pas tourné vers nous.*	Mort de sa mère. Naissance de Mathilde Bonnefoy. *L'Arrière-pays.*
1975			*Dans le leurre du seuil.*
1981	Mitterrand, socialiste, élu président de la République. Forte hausse du chômage.	Renard : *Une autre parole.*	*Dictionnaire des mythologies* (direction Yves Bonnefoy). Chaire d'études comparées de la Fonction poétique au Collège de France. Prix de poésie de l'Académie française.
1987	Procès Klaus Barbie.	Tardieu : *La Comédie du langage.*	*Ce qui fut sans lumière* et *Récits en rêve.*
1990	L'Irak envahit le Koweït.	Guillevic : *Art poétique.*	*Entretiens sur la poésie* (1972-1990).
1991	Chute du communisme 1989-1991.	Grosjean : *La lueur des jours.*	*Giacometti.*
1992	Signature du traité de Maastricht.		Exposition de la Bibliothèque nationale consacrée à l'œuvre poétique et littéraire.
1998	La durée du travail passe à 35 heures.		*Shakespeare et Yeats.*
2001			***Les Planches courbes****, André Breton à l'avant de soi.*

Arrêt sur lecture 1

Commentaire de

«La pluie d'été» (p. 9)
«La voix lointaine (p. 57)
«Dans le leurre des mots (p. 71)

Au seuil du recueil : le « rauque » et le « corps »

La poésie d'Yves Bonnefoy tisse des échos entre recueils, entre sections, entre poèmes. Dans *Les Planches courbes*, les deux seuils que sont l'ouverture et la clôture du recueil semblent se répondre en faisant entendre une voix. « *Rauques* étaient les voix » est le premier vers du recueil, « c'était encore ce *rire* » le dernier mot du poète. Par leur proximité sonore, les mots « rauque » et « rire » donnent à entendre autant qu'à comprendre une voix qui résonne à la fois de sa force et de son âpreté et qui se révèle être un « vrai lieu » du langage, une voix incarnée. Et c'est bien un « corps », sorte d'anagramme du « rauque », qui exprime cette voix, au travers des souvenirs de l'enfance. Ainsi se dévoile une clé possible de compréhension du recueil et de la poétique de Bonnefoy, dès le seuil franchi. « Il faut à la parole même une matière », écrit Bonnefoy dans *Douve*. Le poète semble formuler le vœu de trouver par la voix rauque et le rire une forme de matérialité ouvrant à un accès plus immédiat au monde.

Ce corps abritant la voix, ce sont les mains qui s'ouvrent et les yeux qui se lèvent, c'est cette saisie des « odeurs, couleurs, saveurs ». Et les voix *rauques* résonnent également dans le *roc*, dans « la pierre », dont la récurrence en titres de poèmes marque le vœu de permanence. Chez Bonnefoy, la pierre est inséparable de l'acte poétique et permet de conjurer le risque du leurre.

Les signes du corps et ceux du monde semblent en harmonie dans cette première partie. Le titre « La pluie d'été » dit à la fois le plaisir de la fraîcheur, la dimension tactile de l'air, et déjà le trouble du temps. Il maintient en même temps l'élan spontané de l'enfance et le signe souterrain d'une rupture possible : la longue première section est à la fois une évocation lumineuse et le cheminement vers l'enfance contre la mort.

Le rapport avec le monde : une nature généreuse

Les souvenirs d'enfance font apparaître un rapport avec le monde nourri d'évidences, d'ouverture, d'adhésion. À travers la richesse des « odeurs, couleurs, saveurs » (p. 37), se dévoile une nature d'une grande générosité.

Pour l'enfant et ses camarades, tout semble n'être qu'abondance, voire prodigalité : les fruits sont « mûrs », « le vent du soir répand son trop-plein de graines », le « ruissellement » de l'eau ou de la menthe enchante le chemin, l'odeur de l'herbe « enivre », les arbres sont « en fleurs », les mains sont « pleines de poussière d'or ». Les effets d'une sorte de transmutation de la nature en or jalonnent toute la section : la figue et les feuilles sèches semblent d'or, le ciel « consentait cet or que l'alchimie a tant cherché », l'eau brillante se fait « poussière d'or ».

L'alliance de l'or et de l'eau, de l'or et de la couleur, engendre une atmosphère de lumière intense. L'été semble une illumination : « Ouverts ou clos nos yeux / La même lumière. » Même si « nous étions l'illusion qu'on nomme souvenir », le poète vise l'expression d'une communion intemporelle avec la nature. Le monde des souvenirs est un monde de lumière et de couleur : le ciel est « rouge », la flamme est vaste, l'eau « brille », la nuit est « claire » (p. 24), tout comme le sable. Même « nos ombres [...] avaient couleur » (p. 23). Seul le souvenir d'enfance peut faire que la « nuit » soit « lumière » (p. 29). Le vœu d'une nouvelle vision du monde prend la forme d'un nouveau jour : « Aube, consens à nous aujourd'hui encore » (« La pluie sur le ravin »). Dans l'espoir que les choses et les noms se rejoignent « à même rive », c'est encore le rêve du saisissement de « la grappe rouge » et que « tout du ciel [...] recolorerait tout de la terre ».

Cette nature généreuse et protectrice laisse entrevoir une image maternelle. C'est d'abord la récurrence du « sein », répondant au « besoin des lèvres », image de la « Terre », allégorie accueillant la « pluie » (p. 15). Le troisième poème intitulé « Une pierre » associe la voix d'amour et le sommeil apaisé (p. 17) :

> **Dormons, ne nous sachant. Sein contre sein,**
> **Souffles mêlés, main dans la main sans rêves.**

À la figure maternelle entrevue dans la métonymie* du « sein » répond la première apparition de Cérès (p. 21), divinité symbolique du recueil. Elle est la déesse de la fertilité, de l'abondance de la nature, mais elle a perdu son enfant et le cherche par le monde. Se profile ainsi l'image d'une perte possible de l'enfance au milieu de cette nature généreuse, la conscience d'une précarité des instants magiques. Mais très vite, l'image de la mère bienfaitrice réapparaît, dans les poèmes V et VI de la litanie « Que ce monde demeure ». La mère est bien le symbole de la permanence et de la protection (p. 29) :

> **Que ce monde demeure**
> **Comme cesse le temps**
> **Quand on lave la plaie**
> **De l'enfant qui pleure.**
>
> **Et lorsque l'on revient**
> **Dans la chambre sombre**
> **On voit qu'il dort en paix,**
> **Nuit, mais lumière.**

Le baiser salvateur de la mère et son eau apaisante prennent dans le souvenir une valeur poétique : « Bois de cette eau, qui est / l'esprit qui rêve. » Le rêve d'enfance est aussi le lieu d'une permanence « malgré la mort ».

Yves Bonnefoy tient Adam Elsheimer pour un des grands peintres du début du XVIIe siècle et il lui a consacré un essai. *La Dérision de Cérès* fait partie des tableaux qui nourrissent son imaginaire et sa réflexion.

Le « chemin » de l'enfance contre la mort

L'enfance permet de conjurer la mort par la pluralité rassurante d'un « nous », d'une part, par la métaphore* du cheminement, d'autre part. C'est ainsi l'ouverture à l'altérité qui est célébrée. Ce cheminement se révèle métaphore de l'écriture même : marcher, s'arrêter, frayer, s'écarter. Le déplacement, à l'image du poème, est un mouvement ponctué de ruptures, d'arrêts, d'interrogations. La « hâte mystérieuse », appel de la maison natale, déjà, s'accomplit aussi à travers les arbres, l'eau et les pierres, à l'affût des « pierres écrites », où « s'entrouvr[e], se fai[t] une parole ». C'est un cheminement dans la nuit « claire / comme nous désirions que fût notre mort » (p. 24). Par le pouvoir de l'enfance, « la foudre s'éloigne sur le chemin » (p. 13). Le chemin est à la fois la métaphore de l'élan et le signe d'un appel. L'emploi intransitif du verbe « aller » témoigne du caractère essentiel du mouvement, quelle que soit la direction : « Nous allions. » Mais surtout, le poète pose comme équivalence le chemin – la voie – et l'enfance d'une part, le chemin et la vie de l'autre : « Chemins, ô beaux enfants / Qui venaient vers nous » (p. 19), et « Notre vie, ces chemins / Qui nous appellent » (p. 22). L'enfance est la voie de la vie, la voix de la « vraie vie » saisie dans sa plénitude et son immédiateté. Et c'est paradoxalement le rêve qui ouvre la possibilité à cette saisie du monde. Le premier poème de « La pluie sur le ravin » affirmait déjà, en un rare alexandrin, que « le chemin n'est plus le chemin, rien que mon rêve ». Mais surtout l'avant-dernier poème de la première section énonce en une strophe syncopée l'alliance du rêve, de l'enfance, de la beauté et de la vérité. C'est tout l'enjeu de la poésie de Bonnefoy qui se lit en ce quatrain (p. 52) :

> **Rêver : que la beauté**
> **Soit vérité, la même**
> **Évidence, un enfant**
> **Qui avance, étonné, sous une treille.**

Le mode infinitif du verbe « rêver » marque cependant un doute de l'accomplissement du vœu. C'est également le message ambivalent* de l'incantation des poèmes intitulés « Que ce monde demeure ». La formule est obstinément répétée pour appeler la continuation des choses simples dans leur perfection. Les poèmes désignent dans un même mouvement et la beauté du monde et la menace de sa dissipation. Fondamentalement se joue la permanence contre la mort, le cheminement contre l'immobilité grise des « ossements » : « Que ce monde demeure / Malgré la mort ! » (p. 25), « Ô terre, / Signes désaccordés, chemins épars / Mais beauté, absolue beauté » (p. 25), « Oh que tant d'évidence / Ne cesse pas » (p. 28). Le cheminement de l'enfant et du poète est aussi l'accueil de cette terre afin « qu'une main la guide ».

Et le poète s'adresse au lecteur-ami, ouvrant l'espace du « nous » au-delà de toute temporalité. C'est dans le poème intitulé « Une voix » que s'affirme la « vraie vie » dans sa totalité indéfinie : « Tout cela, mon ami, / Vivre » (p. 33). L'adresse au lecteur se poursuit dans un poème ample qui donne la clé d'un art poétique de la voix. À « la barque des *morts* » du *passeur* évoquée dans « Une pierre » (p. 38), le poète répond deux poèmes plus loin (p. 40) :

> Passant, ce sont des mots. Mais plutôt que lire
> Je veux que tu écoutes : cette frêle
> Voix [...].
> Simple te soit l'écoute ! Le silence
> Est un seuil [...].
> Ici devient là-bas sans cesser d'être.

Cette « frêle voix » constitue un chant malgré tout, une promesse de simplicité que fait perdurer en fin de section l'enfant « seul dans sa voix ».

Paradoxes d'un hymne à la voix

La deuxième section intitulée « La voix lointaine » est composée de onze poèmes entrelacés par des formules en écho, marquant tantôt le souvenir, tantôt la permanence, tantôt le vœu – presque une prière. Les quatre premiers poèmes semblent constituer des étapes réflexives. La présence de coordination au début de chaque vers initial permet un enchaînement quasi chronologique des poèmes : « Je l'écoutais », « ou bien je l'entendais », « et je l'aimais », « et la vie a passé ». Quant aux poèmes V, IX et XI, ils participent d'une sorte d'anaphore* éclatée, l'obsession de la voix chantée se manifestant par les premiers mots « elle chantait ». Chaque fois, la voix interroge le chant, soit par la modalité interrogative (poème V), soit par l'inscription du doute et de l'ambivalence* au creux du poème : « je suis, je ne suis pas » (poème IX), avant de s'achever sur la promesse d'un souriant silence. Enfin, les poèmes VII et VIII formulent la définition de la voix telle que la pressent Yves Bonnefoy : fragile, précaire, à peine audible, peut-être, mais encore proche, musicale, expression d'un profond langage :

> **Ne cesse pas, voix dansante, parole**
> **De toujours murmurée, âme des mots […].**
> **Voix qui porte de l'être […] »** (p. 63)
>
> **Ne cesse pas, voix proche […].**
> **Ô musique, ô rumeur de tant d'autres mondes** (p. 64)

Cette voix lointaine est à la fois « vrai lieu » de lumière, « là où la lampe brille », où « le rayon colore le sable », « lumière dans l'esprit », « lampe cachée dans son cœur », et le symbole d'une fragilité : « j'ai craint de ne plus l'entendre », « chuchoter », « presque chanter », « murmurer ». Elle est indéfinissable, éternel entre-deux : « Elle chantait, si c'est chanter, mais non, / C'était plutôt entre voix et langage » (p. 58), « voix de rien », « chant dans la parole », « je suis et je ne suis pas ». Sa simplicité et sa fragilité même en font tout son prix : « Ombre mais le seul bien qui soit au monde » (p. 66).

Pour une lecture : « Dans le leurre des mots »

Le parcours dans les sections précédant « Dans le leurre des mots » mettait au jour le vœu d'un rapport avec le monde authentique, à travers une nature élémentaire et l'ouverture du corps aux sensations. Ce vœu, à la fois poétique et existentiel, prenait forme dans l'évocation des rêves et des souvenirs d'enfance. La troisième section poursuit cette cohérence, maintenant la temporalité et l'univers du rêve : « C'est le sommeil d'été cette année encore. » L'enchaînement poétique est assuré dès la première strophe par le retour de l'isotopie* de la première section : « or », « grappe », « terre », « sein », « fumée », « feu » dans les « branches ». Ainsi se poursuit une sorte de ronde de parole, avec sa part d'enfance, autour des mêmes signes de poésie. L'affirmation de l'alliance entre l'enfance, le rêve et la vision poétique du monde se confirme dans cette section, qui développe singulièrement le rêve. Le titre de la section rappelle celui du recueil *Dans le leurre du seuil* et témoigne d'un désir d'affronter avec ferveur le risque de la poésie qui est aussi sa chance : la difficulté pour le langage de coïncider avec le réel.

1 – Une double structuration : linéarité et circularité

a) Le chemin du rêve :

La section est construite en **diptyque***, présentant un équilibre apparent : le poème I est constitué de neuf strophes et le poème II de huit strophes. La composition linéaire semble suivre le cheminement du rêve et la rupture entre les poèmes I et II correspondre à celle du rêve au réveil. Or en approfondissant la composition, il apparaît que chaque poème est lui-même composé en deux parties, révélant une sorte de mise en abyme du diptyque, de la figure du dédoublement. Dans le poème I, une première partie correspondant au rêve se développe jusqu'à la sixième strophe. L'atmosphère d'été, la bienveillante alliance des éléments (strophe 1) invitent à l'endormissement et au consentement au rêve, sous l'image d'Ulysse (strophe 2). S'ensuit la vision du songe de « l'arrivant » et une première opposition entre « nous » et « lui » (strophe 3). Le rêve semble être un possible chemin vers la mémoire, un accès aux souvenirs, mais non dénué d'ambiguïtés et de risques (strophe 4). Cette ambivalence* est reprise dans l'évocation de la tiède « eau du rêve », cristallisant pourtant le rêve d'alliance, l'espoir de beauté et de vérité (strophe 5). La strophe suivante marque les hésitations du rêveur sur le sens du songe, par la répétition de l'expression « on ne sait ». Ce premier mouvement est interrompu par une double rupture, temporelle et corporelle : « et demain, à l'éveil ». Cette rupture est cependant d'ordre positif, car la septième strophe se projette dans l'utopie d'un avenir confiant, autour de la figure de l'enfant, qui se poursuit à la strophe suivante. L'apaisement apporté par le rêve rend possible le véritable abandon dans le profond sommeil, dans lequel « la voix [...] se perd » et se désagrège la barque du rêveur.

Le premier poème s'achevait sur l'oubli et l'« indifférence » du sommeil : « Ses lumières, ses ombres : plus rien qu'une / Vague. » Le second poème marque à la fois une continuité et une rupture. Continuité légère par la coordination « et » qui introduit le « je » au début du poème, mais rupture surtout par la violence, quasi pléonastique, du « sursaut du réveil brusque ». Comme pour le poème initial, celui-ci se dédouble en deux moments. Les deux premières strophes ouvrent un mouvement, rythmé par la reprise de l'expression « je pourrais », qui témoigne d'une voie possible pour la poésie de se faire la voix d'un monde déchiré et du leurre de la chimère. Mais comment faire alors que la poésie soit aussi « l'espoir », vœu fondateur de Bonnefoy ? Un second mouvement plus ample, introduit par « mais », renverse la menace de céder à la déréliction du monde et y oppose un fervent plaidoyer pour la poésie.

b) Le souffle de la poésie :

La structuration de la section s'établit par dédoublement du diptyque, dans une volonté d'évoquer la poésie du rêve tout en la mettant à distance. Or, à cette composition déjà complexe, s'ajoute un autre mode de saisie. Une sorte de **spirale thématique** crée une circulation des motifs à travers les strophes, insufflant la poésie là même où elle est mise en doute. Un premier réseau lexical tisse un lien entre l'étoile, la barque, le bras et les mains. La barque est tour à tour « Vénus dans le ciel, la première étoile », le lit du rêve, le lieu de la poésie. L'évocation poétique, voire cosmique, de l'embarcation est cependant toujours reliée à un motif plus prosaïque, dans un souci de conserver prise sur le réel. Ainsi la présence récurrente de l'objet « rame » ou encore les « craquements » des « planches de l'avant de la barque ». La double saisie du réel et du rêve s'accomplit également dans la proximité sonore des noms « barque » et « bras », dans la possibilité de glisser sur « les deux bras du fleuve ». Le rêve apparaît à « l'arrivant » « comme un frisson de sa mémoire / Par tout son bras d'existence sur terre / Qu'il avait replié sous sa tête lasse » (p. 71). Le bras replié est ici à la fois synecdoque* du corps, partie pour le tout, et image métaphorique* d'un monde au repos. Cette double valeur d'accueil et de repos se prolonge avec l'image des mains (p. 74) :

Ô rêve de la nuit, prends celui du jour
Dans tes deux mains aimantes [...]
Que son regard se fonde au tien [...]
Pour un savoir que ne déchire plus [...]

Le rêve d'unité et de fondement du monde s'accompagne du vœu d'une communion enfin possible. La double négation à la fin de la sixième strophe, tout en prenant acte de la précarité du vœu, le formule avec force malgré tout (p. 75) :

On ne sait si des mains ne se tendent pas
Du sein de l'inconnu accueillant pour prendre
La corde que nous jetons, de notre nuit.

La main est un symbole de poésie, dans une esthétique du frôlement ou de l'accueil. Elle est un des signes d'ouverture au réel et à l'autre, signe donc de la présence : « Réel, seul, le frémissement de la main qui touche / La promesse d'une autre » (p. 77).

Ainsi se lient l'intime et le cosmique, les motifs métonymiques* et le regard vers la totalité. Cette alliance, parfois superposition, de mots-signes renvoie au motif récurrent du voyage, dont les caractéristiques sont l'ouverture et l'absence d'obstacle (« pas de rives », « de branche en branche »). Un deuxième réseau lexical atteste du vœu de présence au monde, l'évocation des forces élémentaires et des sensations. La première strophe développe particulièrement ce champ sémantique*. L'évolution des sensations accompagne l'évolution des éléments : le feu (« or », « métaux du rêve »), le liquide (« vin », « le fleuve »), la terre, « sein nu où notre vie repose » puis les souffles qui « environnent » et « accueillent ». Or ces éléments sont eux-mêmes l'objet d'une alliance, mise en valeur par les parallélismes syntaxiques : « la grappe des montagnes », « elle est presque le vin, la terre / Est le sein nu », « c'est là nouveau ciel, nouvelle terre », « Une fumée rencontre une fumée / Au-dessus [...] du fleuve ». Ce champ lexical élémentaire est relayé par l'isotope* de la sérénité constituée de tous les mots placés en fin de vers : « encore », « voix », « rêve », « proches », « terre », « repose », « accueillant ».

2 – Le rêve comme « pensée ajointée par l'espérance »

a) Entre espoir et doute :

La mise en place d'un monde élémentaire garant de permanence n'efface cependant pas une certaine précarité de l'espoir. Le rêve est le lieu d'une tension entre élan d'espérance et recul de lucidité, comme en témoignent la rhétorique du questionnement et de l'alternative, l'hésitation du sens, écho du « leurre » de la « chimère ». Cette fragilite du rêve est à l'image des planches courbées, à l'interstice entre l'espérance et la pensée lucide. Cette conscience de la précarité se manifeste dans l'énonciation*, dans le lexique et dans la prosodie*.

L'**énonciation** des poèmes est caractérisée par la prudence et l'hésitation. Les énoncés sont très souvent modalisés*, révélant un sujet lyrique* pris entre espoir et doute. Cette hésitation du sens, marquée par l'adverbe « peut-être » aux troisième et septième strophes, est également rendue sensible par les nombreuses interrogations que suscite le rêve ; interrogations sur la vision elle-même : « Et par la grâce de ce songe que vit-il ? / Fut-ce la ligne basse d'un rivage » (p. 72) ; interrogation sur l'espoir autorisé par le rêve : « Aller confiants [...] est-ce possible / Ou n'est-ce pas que l'illusoire encore [...] ? » Les questions peuvent aussi être indirectes et témoignent de cet entre-deux qu'est le rêve qui ouvre sur l'univers mais n'autorise aucune certitude, comme le rappelle l'anaphore* « on ne sait si ». Ce retour obsessionnel du questionnement évoluera dans le second poème vers une affirmation progressive du sujet : « Mais il me semble aussi » et surtout l'anaphore des « je sais que ».

Le **lexique** manifeste également l'entre-deux du rêve et la précarité de l'espoir. Ainsi tout le premier poème est-il construit autour d'un réseau d'antithèses* : navire / barque, lourdeur / légèreté, fermeture /

ouverture, chaud / froid, quiétude / inquiétude, haut / bas, eau noire / écume blanche, « à jamais » / « peut-être », « débordants / plis ». En outre, certaines expressions accentuent le déficit du langage et le risque du leurre. En choisissant par exemple le prosaïsme de la « masse d'eau » qui « dévale avec grand bruit » ou l'affirmation du « rien », Bonnefoy maintient le double acte de foi et de lucidité : « rien qu'un peu de lumière, est-ce possible », « partout en nous rien que l'humble mensonge / des mots », « le sommeil [...] plus rien qu'une / Vague qui se rabat sur le désir ». Cette tension systématique entre les contraires, dont témoigne également l'ambiguïté des « ombres », rend manifeste le risque du « leurre des mots », magnifiquement concentré dans cet oxymore*, de la « matité phosphorescente » (p. 74). Et c'est aussi dans le clair-obscur de la saisie du monde que se situe l'enfant, qui assume autant « sa *tâche* de lumière dans l'énigme » qu'il laisse entrevoir une *tache* de lumière dans l'énigme (I, septième strophe).

b) La dimension sonore du poème :
Ce jeu sur le sémantisme* et les sonorités des mots se poursuit dans la **prosodie*** des poèmes, c'est-à-dire l'ensemble des effets de rythme, de répétitions sonores ou encore d'articulations des vers. Ainsi la répétition du son [or] qui court dans toute la section révèle-t-elle à la fois le trésor du monde (« l'or »), la nuance lucide (l'adverbe d'opposition « or ») et le vœu d'une permanence (« enc*ore* »). Cette dimension sonore du poème, dont la lecture doit aussi être l'écoute d'une voix, est particulièrement manifeste dans certaines strophes. L'ambivalence* du rêve dont « on ne sait encore / Si c'est rive nouvelle, ou le même monde » s'accompagne d'une musique grinçante de « ce *s*able *qu'*on entend *qui crisse sous* la pr*ou*e », où les sonorités rugueuses [k], [r] et les voyelles [i] et [u] s'entrelacent par le [s] pour suggérer le heurt de l'accostage (p. 74). Ce « crissement » évolue en « craquement » à la fin du premier poème. Les sonorités du vers, [k], [r], [a], semblent créer un mimétisme* sonore propre à faire partager au lecteur l'expérience des « planches courbes » : « *Q*ue me disent ces *craqu*ements, *qu*i dés*agr*ègent [...] ? » Cette forme de mimétisme sonore évolue en lamentation dans le second poème, accompagnement musical du désespoir : « me

souvenir de ce *qui est* / n'*être que* la lucidité *qui* désespère». Le son [i] ne suffit pas à conjurer le heurt rugueux des [k] et des [r] face à ce qui *est*. À ces valeurs sonores s'ajoutent des décalages métriques significatifs, brouillant tout parallélisme syntaxique. La quatrième strophe du premier poème est à cet égard tout à fait caractéristique. Elle débute par un effet de balancement créé par l'anaphore* du verbe «aller», soutenu par le rythme en asyndète* du quatrième vers : «aller confiants, nous perdre, nous reconnaître». Mais très vite la syntaxe se répartit sur les vers, brisant le rythme binaire, créant des effets d'enjambement ou de rejet, d'alternative, de ruptures d'enchaînement syntaxique :

> Aller confiants, nous perdre, nous reconnaître
> À travers la beauté des souvenirs,
> Et le mensonge des souvenirs, à travers l'affre
> De quelques-uns, mais aussi le bonheur
> D'autres [...],
> Nuée rouge debout au brisant des plages,
> Ou délice des fruits que l'on n'a plus,
> Aller, par au-delà presque le langage,
> Avec rien qu'un peu de lumière, est-ce possible
> Ou n'est-ce pas que l'illusoire encore,
> [...] Partout en nous rien que l'humble mensonge
> Des mots qui offrent plus que ce qui est,
> Ou disent autre chose que ce qui est [...].

3 – Plaidoyer pour la poésie

a) Nécessité de la poésie :

La section «Dans le leurre des mots», tout en concédant la part d'ambivalence* et le risque du leurre, n'en défend pas moins, en acte et en théorie, une poésie tournée vers le monde. Cet éloge est inattendu dans cette section sur le leurre du langage. Mais c'est que la poésie, au moment même où elle est prête à s'éteindre, méprisée, oubliée, doit se manifester comme de plus en plus nécessaire. Près de deux siècles après le *Defense of Poetry* de Shelley – ami de Keats – c'est avec la même force que Bonnefoy réaffirme et la légitimité et la nécessité de la poésie.

Cette défense de la poésie se caractérise tout d'abord par sa très forte **adresse lyrique***. Une voix s'élève avec l'invocation « Ô poésie », assumée par un « je » lyrique qui entre soudain à l'intérieur de sa propre parole. L'invocation est placée sous le signe de l'urgence : « un mot pourtant reste à brûler mes lèvres », « je ne puis m'empêcher de te nommer ». Il s'établit un jeu de proximité et de distance dans l'adresse. L'apostrophe marque à la fois une affirmation des déictiques (le « je », le présent) et un retour sur le passé (tradition du « Ô » lyrique, « éloquence des époques » anciennes), dans un mélange de solennité et de familiarité. Et si le poète dit « tu » à la poésie et vise la communication directe (« je prends le risque de m'adresser à toi, directement »), il n'en demeure pas moins l'écart de la comparaison (« comme dans l'éloquence des époques »). L'invocation évolue en évocation, celle d'un lieu marqué par sa grandeur et la fécondité du rapport à la terre. C'est dans la mémoire désormais, mère des Muses, que s'inscrit la poésie, dont Bonnefoy propose une définition profonde (p. 78) :

> [...] la mémoire,
> Enseignant ses mots simples à ceux qui cherchent
> À faire être le sens malgré l'énigme.

La poésie offre la chance d'une saisie des « signes » du monde et d'une musique synesthésique*, lieu de l'accord et de l'accueil (p. 79) :

> Écoutez la musique qui élucide
> De sa flûte savante au faîte des choses
> Le son de la couleur dans ce qui est.

La poésie se dessine négativement (« théâtre », « mensonge », « fautes », « mauvaise »), mais l'ampleur du risque qu'il n'y ait « plus de livre, plus de grand corps chaleureux du monde » la rend paradoxalement immense, à l'image de l'étoile qui guide une barque obscure où des ombres chantent. La fin du poème est le lieu d'une renaissance dans un monde « rédimé » par la poésie.

Chez Bonnefoy, poésie et poétique, chant et critique sont toujours profondément imbriqués, et son plaidoyer pour la poésie recèle une véritable structuration de **l'argumentation**, au service de l'émotion la plus profonde. La troisième strophe insiste sur la nécessité de la poésie qui « brûle les lèvres » et qui n'a d'égal que la validité de la prise de parole dans la quatrième strophe : le poète est « confiant que la mémoire / Enseign[e] ses mots simples à ceux qui cherchent / À faire être le sens malgré l'énigme ». Dans les cinquième et sixième strophes, le poète prend acte du déni de la poésie tout en concédant la dérive des images : « Et c'est vrai que la nuit enfle les mots. » De la conscience à la concession apparaissent les dérives du langage, celles qui accentuent le leurre des mots, notamment à travers les verbes : « enfler », « tourner », « rabattre », « se perdre », « heurter ». Les deux dernières strophes proposent un second renversement inauguré par un « mais », dans une réfutation qui est aussi une ouverture à la lumière et au réel : « quand grandissait [...] / La terre dans l'écume, et brillait le phare ». La fin du poème allie une fois encore le doute et l'espoir, mais l'accumulation des signes de poésie maintient, au seuil du poème, la foi en la poésie : « Je sais que tu seras, même de nuit, / [...] l'étincelle / Sous les branches mouillées. »

b) Vers le sens :

Cet espoir constant en une poésie malgré tout est relayé dans le poème par une tension entre écart et rassemblement, dont l'emblème est **l'interstice**, l'« ajointement » des « planches courbes ». Cette double thématique de l'écart et du resserrement apparaît au milieu du poème dans la tension entre « les ombres qui se resserrent » (p. 73) et les « arbres [qui] s'écartent ». Une « poétique de l'interstice » se fait jour, compris comme entre-deux, espace instable qui est à la fois menace et permanence. À l'image de la barque qui se courbe mais résiste et ne se rompt pas, l'espoir de poésie se maintient au plus près du réel. L'évolution du poème témoigne d'une résistance, qui se lit et s'entend aussi dans le passage de « ceux qui errent » (p. 78) à « ce qui est » (p. 79). Ce dévoilement progressif du sens profond de la poésie s'accompagne d'un travail lexical et étymologique sur la lumière. Car « la musique qui élucide » est bien celle qui « é-lucide », fait jaillir la lumière dans l'interstice, fait retrouver le « feu léger » du début du poème I, le « feu clair » de la poésie. Le son et le sens (la sensation comme la faculté intellectuelle) sont entremêlés. Comprendre le monde, en saisir les enjeux par l'esprit, n'est pas dissociable d'une saisie immédiate et élémentaire du monde dans sa chaleur et sa lumière, quand bien même ne reste qu'une

« étincelle ». C'est la simplicité qui est affirmée comme voie d'accès à la poésie, comme garantie de l'unité et de la richesse du monde, en un « nom un et multiple ». La section s'achève sur le consentement à la précarité mais dans l'espoir de la permanence du chant à l'image du rossignol. La conjuration du doute s'entend jusque dans le dernier vers par le martèlement opiniâtre des labiales [p] et [b] : la poésie sera « La *p*remière *p*arole a*p*rès le long silence, / Le *p*remier feu à *p*rendre au *b*as du monde mort ».

Conclusion

La section « Dans le leurre des mots » marque une rupture par rapport au début du recueil. Elle en maintient l'univers onirique* centré autour d'un rapport avec le monde élémentaire, mais elle accentue l'ambiguïté inhérente à la célébration du monde et met en doute la possibilité du chant. La section est le lieu d'une interrogation profonde sur la poésie, à la fois comme leurre et comme chance. Entre espoir et consentement, en écho à l'incantation des « Que ce monde demeure », les poèmes participent de ce que Jérôme Thélot nomme « la fonction d'oraison » dans la poésie de Bonnefoy. Cette célébration critique de la poésie est aussi une forme d'invitation : « Que la poésie demeure ».

à vous...

1 – Analysez la première strophe du deuxième poème. Observez notamment :

– les fins de vers,

– les procédés de retardement, de mise en suspens du sens,

– les effets sonores.

Peut-on dire que le lecteur, après le poète, expérimente ici le « rebord disloqué de la parole » (vers 6) ?

2 – Relisez attentivement la dernière strophe (p. 80). Analysez le schéma métrique et le rôle rythmique de la ponctuation et de la coordination.

3 – Parmi ces extraits de l'œuvre du poète Shelley *Defense of Poetry*, le(s)quel(s) vous semble(nt) correspondre le mieux à la « défense de la poésie » de Bonnefoy ? Vous justifierez votre réponse en vous appuyant sur votre lecture du recueil et plus particulièrement de la section « Dans le leurre des mots ».

« Un poète est un rossignol qui assis dans l'obscurité chante pour égayer de doux sons sa propre solitude. »

« La poésie est le souvenir des meilleurs et des plus heureux moments, des meilleurs et des plus heureux souvenirs. »

« La poésie immortalise tout ce qu'il y a de meilleur et de plus beau dans le monde. »

4 – Sujet de dissertation

Yves Bonnefoy écrit dans *L'Acte et le lieu de la poésie* : « Je voudrais que la poésie soit d'abord une incessante bataille, un théâtre où l'être et l'absence, la forme et le non-formel, se combattront durement. »

Dans quelle mesure cette citation permet-elle d'éclairer le recueil *Les Planches courbes* ?

Arrêt sur lecture 2

Commentaire de

« La maison natale » (p. 81)

La section « La maison natale » est constituée de douze poèmes dans lesquels s'entrelacent le rêve et le souvenir d'enfance, autour du thème de l'eau. La composition, comme la thématique des poèmes, est à l'image de la barque, maintenue dans une tension entre stabilité et fluctuation. De fait, toute la section peut se lire sous le signe de « Cérès qui cherche et souffre », dernier mot de la section qui résume cette perpétuelle oscillation entre espoir et menace, entre quête et souffrance.

Une composition en mouvements ondulatoires

Des signes d'inquiétude

La composition des poèmes semble justement accompagner cette fluctuation de ses mouvements ondulatoires. En effet, il est possible de distinguer quatre mouvements, dans un va-et-vient entre évocation heureuse et montée de l'angoisse. Le premier mouvement est marqué par le parallélisme apparent des trois premiers poèmes, qui débutent par : « Je m'éveillai, c'était la maison natale. » La violence des conditions extérieures (« s'abattait », « consumait », « frappait »), l'énigme de la « sans-visage », la porte secouée qui résiste créent dès le début une atmosphère lourde qui fait espérer « ces rires des enfants dans l'herbe haute », dans le pressentiment cependant que ce sont « à jamais les autres ». À cette violence succède un adoucissement marqué par une présence féminine, liée à un lexique plus positif : « doucement », « étincelait », « reflet », « visage [...] riant », « le bien du rêve ». Mais cette sorte de liquidité féminine cède, face à l'assombrissement et l'oppression des éléments dans le troisième poème : « Il faisait nuit », « des arbres se pressaient / De toutes parts », « vent froid ». Des présences inquiétantes entourent l'enfant « seul sur le seuil ». C'est bien la tension entre inquiétude et espoir, errance et découverte, qui caractérise ce premier mouvement.

Les trois poèmes suivants constituent un deuxième mouvement, qui débute par le rire. Dans le poème IV, l'enfant prenant « dans la boue / Une brassée de branches et de feuilles » d'où « montait pourtant le bruit de la couleur » semble bien proche d'accomplir la transmutation poétique qu'évoquait Baudelaire dans *Les Fleurs du mal* : « Tu m'as donné ta boue et j'en ai fait de l'or. » Et n'est-ce pas la figure d'Orphée qui apparaît à la fin du poème ?

> **Et des voix, qui jetaient des ombres sur la route,**
> **Ou m'appelaient, et je me retournais,**
> **Le cœur précipité, sur la route vide.**

Mais une fois encore le mouvement fait alterner joie et angoisse. Car le poème V est marqué par les cris, les rumeurs et les douleurs. Et le sujet s'interroge sur la validité des images « trop vastes [...] trop lumineuses » et des mots qui « parlent sans convaincre ». Le poète éveillé se fait alors veilleur, attentif au spectacle du monde « en contrebas » – mot-clé de la poétique de Bonnefoy. Face aux « dormeurs » fatigués du monde, l'enfant regarde « l'avènement du monde », nourri de « l'âge encore de l'espérance », dédiant des mots « aux montagnes basses ».

La place des souvenirs

Le troisième mouvement marque une double rupture thématique : du rêve on passe au souvenir, et du rapport au monde à l'évocation de la famille. Les poèmes VII, VIII, IX et X font alterner, avec plus ou moins de précisions, des visions de famille qui attestent une fois encore des oscillations entre espoir et résignation. Le poème VII est composé de trois portraits diffractés du père, évoluant selon une triple temporalité, le

« matin », le « début de l'après-midi », et « l'après-midi ». Malgré une tentative de contextualisation spatio-temporelle, chaque évocation se heurte à la douleur du souvenir impénétrable et engendre le questionnement du sens et du langage. Le poème suivant unit les deux parents dans le souvenir. L'effort pour ressaisir le moment évoqué semble amplifié par l'expression inaugurale : « J'ouvre les yeux. » Le poème interroge la double naissance de l'être et du langage par le pouvoir de communiquer : « Il sait que l'on peut naître de ces mots. » L'image finale du détachement et de l'exil du père se poursuit, au poème IX, dans celle de la mère, hantée par « le sentiment de l'exil » et troublée « par les larmes ». Le dernier poème de ce mouvement de retour en enfance marque une évolution dans le souvenir familial, comme l'indiquent les indices initiaux (p. 94) : « La vie, alors ; et ce fut à nouveau / Une maison natale. » Le passage de l'article défini à l'indéfini, associé à l'adverbe temporel, prend acte d'une rupture, annoncée déjà par les « voies qui se séparent » et « le lieu perdu ». Pourtant, le poème formule également le souvenir des « jours préservés », « la majesté des choses simples ». Ce « bruit, d'eau sur les pierres, de nos voix » condense tout l'enjeu de la poétique de Bonnefoy.

Le poème X est en fait un poème-charnière, à la fois tourné vers « la maison perdue » et orienté vers la plage, décor marin qui ouvre au dernier mouvement de la section. La continuité entre les poèmes X et XI est assurée par la coordination et le préfixe de réitération : « Et je repars. » Le « chemin / Qui monte et tourne » apparaît comme un indice métapoétique* de la section, centrée sur le retour et la remontée en spirale des souvenirs. L'expérience douloureuse de la finitude et de l'exil, évoquée dans les poèmes précédents, cède place dans les deux derniers poèmes à une ouverture au monde, promise par le contact végétal et l'eau éternelle, et à la possibilité ultime, mais précaire, de trouver rivage. Le dernier poème revient à la figure emblématique de Cérès en quête de son enfant et d'un refuge. La section s'achève sur une nouvelle lucidité (« je comprends maintenant ») et le vœu d'une parole qui « même obscure » soit « appel ».

Trois figures ambivalentes de fécondité

La présence de Cérès

La figure de Coré, fille de Déméter – nom latin de **Cérès** –, est depuis longtemps inscrite dans l'œuvre d'Yves Bonnefoy, notamment dans son troisième recueil, *Pierre écrite*, où le poète écrit : « Et je pense à Coré l'absente. » Faire de cette absence une présence fondatrice et symbolique est l'un des enjeux de la section « La maison natale ». La divinité maternelle apparaît d'abord comme énigme, dans les trois premiers poèmes : c'est la « sans-visage » (poème I), la déesse aux « mèches désordonnées » (poème II), la femme « belle [...] buvant avidement de toute sa soif » (poème III). À peine présente en filigrane au poème IX, liée à la figure de Ruth exilée « parmi les blés », et au poème X, dans l'isotopie* de la végétation nourricière (« grenier », « paille », « blé ou seigle »), c'est enfin au poème XII qu'elle est précisément nommée. C'est dans un vers fortement déictique qu'est identifiée la déesse, affirmant à la fois un sujet lucide et un cheminement poétique (p. 97) :

> **Je comprends maintenant que ce fût Cérès**
> **Qui me parut, de nuit, chercher refuge [...]**

Ce poème final éclaire à rebours toute la section de « sa beauté, sa lumière / Et son désir aussi, son besoin de boire / Avidement au bol de l'espérance ». Cérès prend ainsi la mesure d'une allégorie* de la poésie, en quête d'un rivage et prête à affronter toutes les nuits pour retrouver l'évidence du rire de l'enfance.

La figure insaisissable du père

La présence tutélaire de Cérès, « suante, empoussiérée », « s'arrêtant pour frapper à des portes closes », annonce d'une certaine façon l'évocation du père, « avançant lentement, tant de fatigue ». La référence paternelle constitue un moment unique dans l'œuvre de Bonnefoy, celui sans doute de la maturité. Son père, Élie, ouvrier-monteur, décède quand Bonnefoy a treize ans. La perte irréparable ressentie par l'enfant, exacerbée par l'extrême solitude du père, est notamment exprimée

Une photo du père d'Yves Bonnefoy, apprenant le métier de forgeron.

dans le poème VII. Contrairement à l'atmosphère trouble de rêve dans les poèmes précédents, les évocations sont relativement précises. La première situe le père « un matin, l'été, / La fenêtre était entrouverte », « au fond du jardin », dans une immobilité interrogatrice du sens du monde : « il regardait / Où, quoi, je ne savais, au-dehors de tout / [...] Son regard vers l'inaccompli ou l'impossible ». Le deuxième portrait du père est saisi dans le mouvement lent d'une fatigue pressentie comme constitutive de l'être. Le regard sur le père se transforme enfin en tentative de changer un destin. La troisième évocation marque en effet une évolution de l'ordre du repli et du désir d'espérance. À l'éloignement « *au fond* du jardin » succède la présence « *dans* la salle à manger », l'évolution est soulignée d'un point de vue temporel par le passage à « l'après-midi ». Tandis que l'enfant du poème I « passait » devant une « table [...] mise », l'enfant du poème VII reste devant « la table débarrassée ». Cette image de repli est confirmée par « les volets fermés » qui font oublier « la fenêtre [...] entrouverte ». Le vœu d'être « dans la maison natale pour recevoir / La demande du rêve » conduit l'enfant au désir fou d'échanger les cartes, « signes » d'une vie marquée par la perte et la séparation.

Le moment pressenti de la rupture par la perte est amplifié, dans les deux dernières strophes, par la scission énonciative* entre « lui l'enfant » et le « je » du poète. Ce même écart caractérise le poème VIII, exacerbé par la mise à distance des articles possessifs. C'est significativement l'enfant qui regarde cette fois de loin, « Du fond de ce jardin ». L'expression « mon père » devient « un homme » associé à « une femme » face à « l'enfant ». Le souvenir fige les images et le temps, avec l'espoir peut-être d'une reconnaissance de l'ordre de retrouvailles : « c'est *bien* la maison natale, / Et même *celle qui fut et rien de plus* », « la *même* petite salle à manger », « un pêcher qui *ne grandit pas* », « *cette* croisée ». Cette reconnaissance progressive du « vrai lieu » semble pour une fois réunir « les parents », dans le souvenir, avant de les séparer par un dernier arrêt sur image sur le père, dans une ultime et obsessionnelle quête de relation entre « l'homme » et « son fils », seul possessif du poème.

Enfant, fils, poète, c'est la superposition de toutes ces instances, de ces expériences, qui fait naître une image à la fois « sombre » et lumineuse du père : l'été comme le souvenir « nimbe[nt] », au-delà de la fatigue, la figure paternelle de la lumière de l'espérance : « Qui était-il, qui avait-il été dans la lumière, / Je ne le savais pas, je ne sais encore. » Mais le poète sait aussi « que l'on peut naître de ces mots », que le langage peut être le lieu d'un lien retrouvé.

« L'évasive » évidence de la mère

Les poèmes VIII et IX renvoient à l'image maternelle, à la fois ancrée et « évasive ». De même qu'un « nimbe » entoure la figure du père, la mère reste presque irréelle, évoquée à travers l'image sacrificielle de la Ruth biblique. Le surgissement du souvenir est pourtant fortement exprimé par les indications temporelles : « Et alors un jour vint. » Mais la douleur du souvenir se manifeste par une forme de mise à distance par « emboîtement » de mots : l'évidence du rapport à la mère ne peut se dire que par la triple médiation d'un personnage biblique, lui-même évoqué dans un vers en langue étrangère du poète anglais Keats. La mère apparaît comme une figure tragique, rongée par « le sentiment de l'exil et les larmes » pour pleurer « le lieu perdu ». Cette dimension tragique associée à la mise en abyme du pouvoir des mots se révèle dans le double sens du verbe « recueillir ». Le « recueillement » face au deuil, à la solitude, à la mort, laisse une chance précaire à l'enfant de « recueillir » la présence maternelle, qui se fait silence.

« Demander rivage » : une poétique de l'entre-deux

À l'image de la « présence maternelle » en quête du « lieu perdu » (IX), la poésie aide à trouver un lieu, à « demander rivage », selon une expression du poème XI. La formule maintient dans un même élan de l'entre-deux la visée de la présence et la conscience d'une précarité. En témoigne l'image du navire en danger – et, dans son sillon, la barque de poésie – conjurée par des « nageurs qui, dans la nuit, se portent vers le navire, soutenant » non seulement « des lampes » mais surtout la lumière de l'espérance. La notion d'intervalle est mise en valeur dans toute la section à travers la quête d'un asile aux frontières mouvantes, entre eau et terre, intérieur et extérieur, lumière et obscurité.

La perméabilité des mondes

C'est d'abord la perméabilité des mondes qui caractérise cet entre-deux, particulièrement en début de section. La superposition du rêve et du souvenir offre la chance d'une coprésence d'éléments, d'un espace intermédiaire, tour à tour source d'angoisse et de plénitude. La tension entre intérieur et extérieur est ainsi particulièrement sensible dans les trois premiers poèmes. Le premier oppose des éléments extérieurs agressifs (« écume », « rocher », « vent ») et l'intérieur d'une « maison » à vivre : « véranda », « table mise », « buffet », « porte », « couloir », « escalier ». Le point de passage entre extérieur et intérieur est assuré par le débordement progressif de l'eau, exacerbation du « ruissellement » des premières sections du recueil. La pluie « rapide, où s'efface le souvenir » entraîne la perte de repère entre rêve et réalité, souvenir personnel et légende mythologique, et facilite l'orientation vers « l'autre rive ».

La perte du sol prend la forme d'une solitude interrogatrice, à l'image de l'enfant « seul sur le seuil ». Le seuil est le lieu d'un intervalle topographique, mais aussi une forme de « perméabilité sonore » qui crée une alliance de signifiants* entre le *sol* – « vrai lieu » ? –, le *seuil* – lieu d'apprentissage du leurre – et la *solitude* – sentiment de l'absence. Cette alliance se joue dans un espace intervallaire entre l'ouvert et le fermé, à l'image de cette *porte* initiale qui résiste, secouée, pressée « de toutes parts », avant de se démultiplier au même rythme que la maison, « de pièce en pièce ». Le dernier vers du poème V place en équivalence, par asyndète*, les deux termes de l'échec d'Isis, figure féconde de renaissance : « elle n'aura rien d'autre / À *entrouvrir* pour toi, *refermer* sur toi. » Et l'évocation de la maison natale marque une évolution progressive de la vision, dans le passage de la « fenêtre *entrouverte* » aux « volets *fermés* » puis à l'expression inaugurale du poème VIII : « J'*ouvre* les yeux, c'est bien la maison natale. » La situation d'entre-deux a pour corollaire, dans toute la section, la quête d'un abri : face aux « chambranles qui se délabrent » dans la « maison natale », l'enfant part « à la recherche / D'au moins quelque hangar» (poème IV), il «entre effrayé dans une salle [...] de classe» (poème V), se place dans un «compartiment» de train, lieu d'espérance (poème VI), ou près du «grenier d'au-dessus l'église défaite» (poème X).

Cet espace intervallaire est aussi un espace sonore dont les extrêmes sont le rire et le silence. Les évocations du rire sont paradoxalement douloureuses, sous le signe du manque. Ce sont «de l'autre rive [...] Ces rires des enfants dans l'herbe haute [...] dans leur joie» (poème I), «un visage [...] riant [...] Puis j'écoutais le rire s'éloigner» (poème II), un rire d'enfant pris pour une «moquerie». Et le rire de l'enfant-Orphée qui résonne enfin dans un «je riais [...] [les] bras resserrés contre mon cœur» se révèle bien précaire quand il se retourne «le cœur précipité, sur la route vide» (poème IV). Des rires résonnent donc dans la section mais comme lointains, rêvés eux aussi. Le rire est pourtant défini, en fin de parcours, comme «vrai lieu» possible, lieu d'évidence et de vie. Le poète est comme Cérès qui cherche à retrouver «cet enfant [...] pour qu'il ait rire, dans l'évidence qui fait vivre» (p. 97).

De fait, c'est davantage le cri qui résonne, «cri d'amour / Mais avec la bizarrerie du désespoir» (poème III). Cris des branches pointues (poème IV), cris «des voix derrière des portes» (poème V), cris de «l'humaine vie précaire sur le navire», toutes ces formes d'appel désespéré visent à «demander rivage». Face à ces deux extrêmes s'entend parfois une qualité particulière de silence, qui est à comprendre comme une forme de sourdine, telle cette énigmatique «vie murée dans la vie» qui «parle» (poème III), tels ces mots dédiés «aux montagnes basses» qui semblent, par hypallage*, des paroles murmurées «tout bas», ou encore tels ces «claquements de [...] silence» de la vie qui s'avance dans son évidence – eux-mêmes mis en sourdine par le repli de la parenthèse (poème X).

Le clair, l'obscur, le clair-obscur

Cet effacement progressif des frontières est facilité par la double source du rêve : la lumière et l'obscurité, et leur pendant, le chaud et le froid. La tension entre lumière et obscurité constitue même une ligne directrice fondamentale de la section, par son évolution au cours des poèmes. Ainsi le début de section est-il marqué par un clair-obscur très net. Au feu qui « consume » l'horizon s'oppose l'« escalier sombre » (poème I), à la « nuit » qui enveloppe la maison s'oppose une « femme [...] dehors comme une lampe » (poème III). L'espoir n'est cependant jamais absent des évocations. Déjà, dans le deuxième poème, l'eau « qui étincelait sur les miroirs » en redouble les « reflets » ; mais surtout le poème IV qui marque une évolution nette : alors qu'il fait « nuit encore », que le « sol [est] noir », le « je », branches serrées « contre [son] cœur », se demande : « Que faire de ce bois où de tant d'absence / Montait pourtant le *bruit de la couleur*. » Dès lors s'inverse le rapport entre ombre et lumière. À la vision en clair-obscur succède la réflexion sur l'excès ou le manque. En témoigne le parallélisme des vers du poème V :

Trop vastes les images, trop lumineuses,
Que j'ai accumulées dans mon sommeil. [...]
Trop lourde m'est la nuit qui dure...

Il s'agit dès lors pour l'enfant-poète, dans un troisième élan, de conjurer l'extrême blancheur en redonnant vie, couleur et relief au monde. C'est tout l'enjeu des poèmes V et VI. Au souvenir d'une représentation du monde délavée, blanchie, ternie par les années et les absences, matérialisée symboliquement par le microcosme de « cette carte de géographie, sur la paroi / Jaune », au constat de « ce décolorement des noms et des formes, / Ce dessaisissement des montagnes, des fleuves », le poème VI réagit par une ressaisie intense du monde : motif du « voyage », passage de la nuit à l'aube et surtout immédiateté sensible du rapport au monde :

[...] et soudain
Cet autre feu, en contrebas d'un champ
De pierres et de vignes. Le vent, la pluie
Rabattaient sa fumée contre le sol,
Mais une flamme rouge s'y redressait...

Ce dernier motif semble symbolique d'une résistance au « théâtre » du monde en clair-obscur. C'est aussi le feu de la poésie qui se dresse ici. Et c'est singulièrement aux images moins « lumineuses » mais plus fondatrices de la poétique de Bonnefoy que revient le poème, celles mêmes qui avaient jalonné les premières sections : force des éléments (feu, vent, pluie, sol), double espace horizontal et vertical, intensité de la couleur rouge (feu, vigne, flamme rouge). Dès lors, la seconde strophe peut s'ouvrir sur la chance d'un renouveau : « Après quoi *il fit jour*; et le *soleil* / Jeta de toutes parts ses milliers de flèches. » L'évolution du rapport aux images et à la lumière constitue bien un élément fondateur de la section.

La rupture instaurée par les souvenirs familiaux à partir du poème VII conserve la tension signifiante entre ombre et lumière. Le souvenir du père se situe « un matin, l'été », celui des deux parents dans la maison vient au premier plan, par sa lumineuse simplicité, d'une atmosphère lourde : « Derrière les parents la salle est sombre. » De fait les poèmes renouent ici avec le clair-obscur du début, mais en quelque sorte décalé. Il ne s'agit plus d'un paysage mais de la suggestion d'un monde intérieur, d'un exil intérieur en clair-obscur : « qui avait-il été dans la lumière, / Je ne le savais pas, je ne sais encore » se demande l'enfant face au souvenir d'un père « nimbé » de lumière et de fatigue. Quant à la mère, à l'image de Ruth, debout en larmes parmi les blés, elle se détache, par l'ombre de l'exil et de la douleur, de la luminosité chaleureuse d'un décor fertile. Le clair-obscur s'inscrit à nouveau dans le paysage et les souvenirs dans les trois derniers poèmes, nuancés par « le jeu d'ombres léger », « l'autrefois sans fin de la lumière / Des étés tamisés par les tuiles chaudes ». Et si la menace subsiste par l'image du navire « noir, tel un candélabre [...] qu'enveloppent des flammes et des fumées », c'est sur la présence lumineuse de Cérès nourrie d'espérance que s'achève la section :

> **C'était d'un coup sa beauté, sa lumière**
> **Et son désir aussi, son besoin de boire**
> **Avidement au bol de l'espérance.**

Écrire pour « recueillir la présence »

Le poème, dans la conscience de la fragilité du monde et du rapport à l'autre, vise à « recueillir la présence », pour reprendre la très belle expression du poème IX. Ce « recueillement » répond à la nécessité de conjurer « l'oubli, l'oubli avide » et la trop « évasive » présence des êtres, pris dans l'exil et la finitude. Cette précarité de la présence se formule dans l'expression « étonnement entre être et ne pas être » (poème II). Au « dessaisissement des formes » et des contours du monde répond en écho une forme de transparence opaque des visages. La « sans-visage » du premier poème ouvre de sa mystérieuse présence un cortège de figures qui resteront énigmatiques. Dans le deuxième poème, les « reflets » rendus instables par « l'eau [qui étincelle] » et la « buée » ne sont renvoyés que par des miroirs « brisés », et ce n'est que « sous le voile de l'eau » que s'entrevoit le visage d'une « petite fille », peut-être l'enfant de Cérès. Lorsque cette dernière apparaît au poème III, c'est parmi « deux grands êtres / [qui] se parlaient au-dessus de moi, *à travers moi* » et elle est à la source d'une « vie murée dans la vie ». La figure du père témoigne également de la précarité de la présence, à travers l'image du « nimbe », halo qui « le détache *déjà* de cette rive ».

De l'inclination...

La métaphore du recueillement participe de ce que l'on pourrait nommer une « poétique de l'inclination » : l'expression prend ainsi en compte l'isotopie* du « *bas* » chère à Bonnefoy (« bas », « contrebas », « se pencher »), la dimension *d'adhésion* au monde, et la valeur de *courbure*, dont la richesse sémantique* couvre tout le recueil et particulièrement la section « La maison natale ». Ainsi, dans le poème IV, l'enfant, qui vise à faire de son expérience un chant possible, est-il présenté dans un acte d'adhésion au monde comme embrassement :

> **Et je savais que je n'aurais pour tâche**
> **Que de me souvenir, et je riais,**
> **Je me penchais, je prenais dans la boue**
> **Une brassée de branches et de feuilles,**
> **[...] Dans mes bras resserrés contre mon cœur.**

L'enfant est doublement penché pour saisir et pour porter une fraction du monde (« je me penchais », « sous cette charge »). Or cette fraction du monde, elle-même courbe, est saisie dans une ouverture puis un repli de l'être : *brassées* de *branches* et *feuilles* sont *resserrées* dans les *bras*. L'adhésion au monde dans « le *b*ruit de la couleur » est relayée par une osmose sonore, notamment dans les allitérations* en [b] et en [p]. Sans doute n'est-il pas fortuit que la poésie soit maintenue au cœur d'expressions récurrentes de mêmes sonorités : Cérès, double féminin du poète, est « *b*elle », « *b*uvant » au « *b*ol de l'es*p*érance ». La métaphore* majeure des « *p*lanches cour*b*es » de la *b*arque, entre *p*roue et *p*oupe, fait résonner la poétique de Bonnefoy au fil des poèmes et des sections. L'assonance* en [u], en plus d'interroger la possibilité du « vrai lieu », met également en résonance les images de c*ou*rbure : l'enfant essaie de « t*ou*rner » la poignée, une femme tient « la c*oup*e », l'enfant se plie « *sous* [la] charge », le père est « *voû*té », la mer fait entendre son « *b*ruit de *voû*tes ». Célébrer le monde en le cueillant en contrebas, le recueillant dans les signes et les sons – dans le « bruit de la couleur » donc – est une chance d'évacuer ce qui résonne aussi de façon obsessionnelle : « l'*oub*li ». La musique, la poésie offrent la possibilité de recueillir les souvenirs comme « au creux » des mains des enfants, celles qui se tendent malgré « le leurre des mots », tentant de réaliser le vœu du poème XI : « Ici, le temps se creuse, c'est déjà / L'eau éternelle. »

... à la remontée

À ces images de courbure et d'inclination fait écho la métaphore poétique de la « remontée ». Il s'agit plus exactement pour Bonnefoy de caractériser la dimension rétrospective en la reliant fortement à une dimension de dédicace. De fait les mots font l'objet à la fois d'une mise en doute et d'une mise en acte. Le doute est jeté sur la validité des mots pour dire le réel. Les voix qui appellent l'enfant sur la route ne font qu'accentuer le « vide » (poème IV), exacerbé par la conscience des « choses dont les mots me parlent, mais sans convaincre » (poème V). Ce sont pourtant ces mêmes mots auxquels il s'agit de redonner du sens malgré tout, en les rattachant plus que tout à l'innocence et à la spontanéité d'un regard d'enfance.

Le désir de « dédier » les mots au monde ou aux êtres est une façon pour le poète de faire don de présence, au-delà du temps. Le verbe contient la double valeur de « vouer » – consacrer ainsi une vocation – et « rendre hommage ». Triplement présent dans la seconde moitié de la section, « dédier » permet à la fois d'ancrer l'un des enjeux de la vocation poétique au sein même de l'œuvre et d'en faire varier les nuances. En effet, la première occurrence au poème VI, à l'imparfait, renvoie à la vision du monde confiante, née du regard de l'enfant : « Je dédiais mes mots aux montagnes basses. » Il n'en va pas de même pour les deux autres dédicaces qui renvoient douloureusement aux souvenirs familiaux. L'enfant qui « sait que l'on peut naître de ces mots » entre deux êtres est devenu le poète qui tâche, par le langage même, de restaurer la présence. Mais elle reste fugitive et incomplète, comme dans cette évocation du père : « À ce passage-là, aperçu de loin / Soient dédiés les mots qui ne savent dire » (poème VII). Cette crise de confiance dans « la vérité de parole » se retrouve dans le souvenir maternel : « [...] celle qui rêva à côté de moi / Dans la maison perdue. À son silence / Soient dédiés, au soir, / Les mots qui semblent ne parler que d'autre chose. »

Mais cette mise en doute laisse filtrer une lueur d'espoir. Les mots « *semblent* » – seulement – ne pas suffire, mais recèlent aussi une charge poétique de l'ordre de la nécessité. En acceptant leur insuffisance, le poète entrouvre la chance d'une présence, qui passe par une remontée, à travers les strates profondes de la vie. Les deux poèmes VII et IX, en regard l'un de l'autre, paraissent ainsi restaurer la communication perdue :

> ([...] J'aurai barré
> Cent fois ces mots partout, en vers, en prose,
> Mais je ne puis
> Faire qu'ils ne *remontent* dans ma parole.)
>
> Or, de ces mots
> Je n'avais pas à pénétrer le sens
> Car il était en moi depuis l'enfance,
> Je n'ai eu qu'à le reconnaître, et à l'aimer
> Quand il est *revenu du fond de ma vie*.

Même si le géant des « Planches courbes » murmurera qu'« il faut oublier les mots », le poète, lui, refuse de briser cette chance unique de partager le réel, par la mémoire ou la vision du monde. C'est toute la question que pose la fin de la section, notamment les poèmes XI et XII. C'est bien l'enfant qui semble posséder cette double chance de

« beauté » et de « vérité ». C'est la remontée le plus loin possible dans la mémoire qui permet de maintenir l'espérance de la présence. L'enfance et la poésie trouvent singulièrement la même définition : « La beauté même, en son lieu de naissance, / Quand elle n'est encore que vérité. » L'enfant du poème IV qui sait « qu'[il] n'aur[a] pour tâche que de [se] souvenir » croise en chemin la poésie, qui elle aussi est remontée vers « l'évidence qui fait vivre », conjuration de la menace du vide et du leurre. La première strophe du dernier poème rappelle, au terme de la quête de la « maison natale », d'un « vrai lieu » de souvenir et de présence, l'enjeu fondamental de la poésie de Bonnefoy : maintenir le vœu d'un rapport confiant avec le monde tout en acceptant la finitude et le leurre. À la mise en doute de l'interrogation s'oppose le retour patient des anaphores*, dans un corps à corps des mots qui conserve à la fois le suspens et la foi :

> **[...] Comment garder**
> **Audible l'espérance dans le tumulte,**
> **Comment faire pour que vieillir, ce soit renaître,**
> **Pour que la maison s'ouvre, de l'intérieur,**
> **Pour que ce ne soit pas que la mort qui pousse**
> **Dehors celui qui demandait un lieu natal ?**

Ces vers répondent en écho à la deuxième partie du « leurre des mots » qui interrogeait le « théâtre » de la poésie face au « tumulte [...] primaire » du monde. L'ouverture possible de la maison, le dévoilement de l'intérieur des êtres et des choses, l'élargissement final de la « maison natale » au « lieu natal » – écho au « lieu perdu » d'une Ruth maternelle – constituent autant de réponses *in fine* aux doutes et aux interrogations qu'a formulés toute la section. Elles sont métaphorisées* dans l'évocation du « carrefour », entre-deux cher à Bonnefoy, et allégorisées* dans la figure double de Cérès, « qui cherche et souffre », dont le manque et le doute alimentent la quête pour retrouver la fécondité. C'est sur un « Je comprends maintenant » confiant que s'achève la section, dans une complicité avec le lecteur qui découvre, en même temps que le poète, un éclairage nouveau sur l'expérience du trouble. C'est « riche de soi », parce que ayant retrouvé l'enfant en lui, que le poète peut accepter la convoitise du « dieu des morts », et consentir à la finitude. La poésie est à la fois dédicace et « cri d'appels au travers des mots », au travers des vies, « parole même obscure mais qui puisse » consentir à « aimer enfin ».

à vous...

1 – Analysez le statut de l'image dans la section, notamment à travers la variété de ses formes (visions aléatoires, souvenirs, éclairs, rencontres, figures de médiation, jeux de lumière) et de ses effets. Montrez notamment combien les reprises et les rapprochements sont au service de l'interprétation, voire de l'approfondissement du sens.

2 – Après avoir effectué une recherche au CDI et identifié la figure de style, commentez l'effet produit par l'expression finale du poème V : « L'Isis du plâtre ».

3 – Analysez le jeu complexe des temps dans le poème VII : dans quelle mesure éclaire-t-il la relation du poète à sa propre écriture ?

4 – Lecture orale : lisez à haute voix le poème IV, en mettant en valeur le rythme (enjambements, variété métrique), les sonorités et les sentiments de l'enfant.

5 – Lecture-réécriture : analysez dans quelle mesure l'écriture du poème XII est à l'image de « ces hautes vagues / Sur ces cris qui s'obstinent ».
Vous réécrirez le poème en supprimant toute ponctuation puis le lirez à voix haute : quels sont les effets produits ?
Vous montrerez ainsi le rôle essentiel de la ponctuation, dans une écriture du heurt et du tâtonnement (construction syntaxique, longueur des phrases, insertion d'adverbes...).
Dans quelle mesure peut-on, dans l'éclairage de ce dernier poème, parler d'une « traversée initiatique » ?

6 – Lisez en silence puis à voix haute ce poème de Reverdy extrait de *Plupart du temps* (Poésie / Gallimard):

«NOMADE

La porte qui ne s'ouvre pas
La main qui passe
Au loin un verre qui se casse
La lampe fume
Les étincelles qui s'allument
Le ciel est plus noir
Sur les toits

Quelques animaux
Sans leur ombre

Un regard
Une tache sombre

La maison où l'on n'entre pas»

Commentez le titre du poème et les effets produits par l'éclatement typographique.
Quels liens pouvez-vous établir avec les poèmes de la section «La maison natale»? Qu'est-ce qui reste cependant irréductible à chaque poète?

Arrêt sur lecture 3

Commentaire de

« Les planches courbes » (p. 101)

La section « Les planches courbes » marque, par l'introduction de la prose, une rupture dans le recueil. Cependant, la forme versifiée reste présente, singulièrement au cœur des deux textes en prose, intitulés « Les planches courbes » et « Jeter des pierres ». Ces titres de section semblent se faire écho par la référence à la matérialité et au mouvement courbe. De fait, la dernière partie du recueil se caractérise par une série de ruptures : va-et-vient entre la prose et le vers, échos thématiques des premiers et derniers textes en prose (l'enfance, la traversée), rupture centrale par la référence à Dieu et aux théologiens, déséquilibre quant au nombre et à la longueur des poèmes. Un seul récit en prose, constituant une section complète, est suivi d'une section en vers, « L'encore aveugle », comprenant cinq poèmes répartis en deux moments. Puis trois derniers récits en prose constituent une ultime section au titre mystérieux, « Jeter des pierres ». En cette fin de parcours poétique, à l'approche du seuil final du recueil, les poèmes maintiennent une double posture caractéristique de Bonnefoy, l'élan dans la conscience du leurre.

Première rupture : l'intrusion du récit en prose

L'intrusion du récit en prose « Les planches courbes » dans le recueil crée une rupture non seulement dans la forme poétique mais aussi dans la tonalité du poème, plus proche alors du conte. Il convient de s'arrêter un instant sur cette nouvelle forme. Comment caractériser ce récit étonnant de simplicité et de profondeur ?

Les « récits en rêve »

Il semblerait que l'ouverture de l'écriture au récit en rêve vise, chez Bonnefoy, à restaurer la présence dans un contexte poétique des années soixante-dix fortement tourné vers le formalisme, travaillant la forme du langage plus que sa faculté de révélation. Aussi la forme des récits en rêve associe-t-elle une dimension existentielle et critique, et une ouverture à une autre forme de logique discursive. Du reste, Bonnefoy n'a pas parfaitement clarifié cette ambiguïté générique, superposant lui-même dans certaines formulations « récit en rêve » et « poème en prose ». Et de fait, il n'est pas toujours aisé de distinguer entre une logique onirique* et une logique imaginaire. Pour autant, l'appellation « récits en rêve » sous laquelle Bonnefoy regroupe ses récits poétiques en 1987 est fondatrice, car elle témoigne d'une profonde réflexion sur les pouvoirs du langage. Le passage à la prose n'est assurément pas le signe d'un tarissement poétique, en premier lieu parce que Bonnefoy révèle lui-même que certains poèmes sont nés de récits abandonnés. Entre l'héritage du « poème en prose » et l'analyse freudienne du « récit de rêve », il semble que le poète ait voulu forger une nouvelle forme poétique qu'il appelle le « récit en rêve », afin de baliser et d'associer des récits publiés à partir de 1972 (*L'Arrière-pays, Rue Traversière, L'Ordalie*). Expérimentant la porosité de la frontière commune avec le poème en prose et le récit de rêve, Bonnefoy établit une sorte de collusion par le glissement à la préposition « en ». Il prend ainsi ses distances à l'égard des poètes fondateurs du poème en prose (Baudelaire, Rimbaud, Mallarmé) et à l'égard de Freud et de la psychanalyse. Il n'en restera pas moins persuadé de la force de l'inconscient dans son œuvre. Dans une forme de réévaluation tardive du surréalisme, Bonnefoy écrit en 2000, un an avant la parution du recueil « Les planches courbes » : « L'écriture véritablement poétique [est] celle qui se fait l'écoute de l'inconscient. »

Expérimenter l'enfouissement

Le poète-conteur fait alors du rêve son point de départ, son point de passage, voire un lieu où séjourner comme l'y invite la préposition de lieu « en ». C'est bien une immersion dans le rêve qui est visée, comme en témoignent l'enfoncement final et la communion avec les éléments à la fin de la section « Les planches courbes » ou la plongée dans le chaos de la matière, dans la dernière section « Jeter des pierres ». Le récit en rêve vise moins à analyser et interpréter – comme le ferait un récit freudien – qu'à faire l'expérience poétique du glissement et de l'enfouissement. Le rêve soumis à des processus primaires donne à voir un mode d'enchaînements par glissements, condensations, déplacements ou inversions et peut se révéler, au travers de l'inconscient, « la chance », « le chenal obscur » qu'il faut traverser pour dépasser le « désarroi » qu'est aussi la poésie. La métaphore du passage, du voyage, est ainsi particulièrement féconde. La plupart des récits en rêve de Bonnefoy mettent en scène une rencontre du rêveur, le plus souvent voyageur, embarqué sur un navire avec un interlocuteur, étrange ou étranger, avec lequel s'engage une conversation portant sur le langage. On retrouve cette problématique au cœur de la rencontre entre le passeur et l'enfant dans la section « Les planches courbes ». Ce récit combine trois enjeux majeurs du recueil, la traversée vers l'enfance, de l'ordre d'une « remontée » du « fleuve », l'approfondissement d'une dimension personnelle dans l'écriture et la réflexion sur le langage et la forme poétiques. Ainsi, dans un entretien publié en 1994 dans la revue *L'Œil de bœuf,* Yves Bonnefoy établit une distinction de contenu entre ses « récits en rêve » et ses « poèmes » :

« [Les pages en rêve] permettent le retour d'un passé qui est le mien propre : parcelles qui avaient été non tant refoulées qu'embroussaillées, recouvertes : faute dans mon emploi des mots d'un plan convenable pour les dire [tandis que] le poème, celui qu'on écrit à l'aide du son des mots parce que le son brouille le sens [...] tend à faire de nous de l'impersonnel. »

Deuxième rupture : résistance du vers

Le tâtonnement métaphysique

La première rupture formelle instaurée par le récit en prose des « Planches courbes » est redoublée par une sorte de résistance du vers libre, en fin de recueil, qui vise à exprimer l'« étrange chose que leurs voix ». La place de la section en vers au cœur des deux sections en prose crée un effet d'encadrement, qui valorise l'interrogation métaphysique centrale sur le divin, face à la présence humaine, symbolisée par l'enfant. Cette section centrale est rythmée par de multiples parallélismes et anaphores*, formes d'expression obsessionnelle du tâtonnement métaphysique. Les deux parties de la section sont construites en miroir, comme le soulignent leurs titres résonnant en chiasme* : « L'*encor*e aveugle » et « L'*or* s*an*s visage ». Le chiasme dit aussi l'enfermement, « l'emmurement » de Dieu dans son aveuglement, repris dans l'image de « la bête furtive au cœur maçonné de nuit » (p. 112).

La première partie « L'encore aveugle » est construite en diptyque*, avec des effets d'échos et de décalages. Elle est placée sous le signe des « théologiens », étymologiquement ceux qui pensent Dieu et en font un discours : ils « estiment », « disent », « savent ». Dieu semble une instance en devenir : « encore aveugle », « Dieu est, mais aveugle », « rêve de Dieu », « devenir cette vie », Dieu « cherche ». Dieu apparaît ici comme un quêteur d'enfance et de lumière, aveuglé par l'absence même de lumière : « c'est le monde [...] qui lui donnera un regard ». Dans le second poème, Dieu est le « sans nom », opposé à la poésie que le poète appelait « par [son] nom » (« Dans le leurre des mots »). Et si les théologiens disent « qu'il n'*a* rien », il n'est pas loin de n'*être* rien non plus, pris dans la spirale des anaphores : « il sait que c'est plus que lui ». Ainsi, dans une sorte de monde à l'envers, Dieu apparaît-il paradoxalement mais fondamentalement en quête d'humanité : « espérer », « attendre », « apercevoir », « crier », « parler », « se pencher » : la répétition des infinitifs, hors toute temporalité, dévoile en creux le vœu de la poésie comme affirmation de la présence des êtres et du monde.

La mise en lumière

La seconde partie « L'or sans visage » est inaugurée par d'énigmatiques voix, échos des théologiens : « d'autres, d'autres encore » évoquant un versant noir du divin : « déchire », « haine », « noircit », « colère », « insulte ». Une fois encore c'est un monde en creux qu'il nous est donné d'entrevoir, dans les failles de la noirceur divine. Ce monde en négatif, en clair-obscur, qui « [a recouvert] de cendres la lumière » et rendu la nature « aveugle », il appartient au poète de le mettre en lumière. C'est une forme de définition de la poésie, en creux, inversée, qui se lit à la fin du premier poème, dans l'attention au plus précaire des signes enfouis :

> **L'être : pas même la pierre, [...]**
> **Mais la cassure**
> **Qui traverse la pierre, l'effritement**
> **Des arêtes de la cassure, la couleur**
> **Qui n'attend rien, qui ne signifie rien dans la lumière.**

Le versant noir du divin est contrebalancé dans le second poème par une ouverture plus généreuse au monde, à l'enfance, à la musique, à la matière. Le poème évolue vers les mots-clés de la poétique de Bonnefoy. Dieu prend la forme de « ce qui espère », dans le désir « d'aller vers [l'artisan] / Dans la matière où trébuchait l'espoir » pour « s'incarner » comme présence. Nul doute que cet artisan soit à la fois celui de la matière et des mots, poète nourri de gaucherie, de rêve, et surtout d'espoir.

Dans le dernier poème à la fin de la section, les théologiens s'éloignent au profit d'« étranges voix », d'étranges « mots », indéfinis et flous : « c'est errant », « c'est rouge », « j'imagine », « c'est sans bouche ni voix, c'est sans visage ». Cette dernière expression éclaire le titre de la section, qui associe la chance de lumière et la nécessaire traversée de la nuit. La désignation présentative, le passage du « je » au « on » indéfini, la métaphore* du « carrefour », les comparaisons hésitantes, tout concourt à orienter peu à peu le poème vers une sorte de rêve tâtonnant, assurant ainsi l'enchaînement avec la section suivante en prose. La dernière strophe interroge le rapport aux mots, qui est de l'ordre d'une rencontre et d'un passage de l'ombre à la lumière. Mais la conscience lucide du poète maintient un lieu poétique d'entre-deux, dans la très belle métaphore d'un texte-tissu élimé par la maladie, mais qui « laisse filtrer de la lumière ».

Pour une lecture : « Les planches courbes »

L'expression « les planches courbes » a jalonné le recueil, apparaissant notamment dans les sections « Dans le leurre des mots » et « La maison natale ». Alors qu'elle était définie ou développée au sein des poèmes, elle est ici le titre d'une section entière, ouvrant un horizon d'attente qui restera en suspens jusqu'à la toute fin du récit, où réapparaissent « les planches courbes » – pour mieux disparaître… Ainsi l'expression prend-elle autant une valeur d'annonce qu'une dimension rétrospective. C'est bien la traversée du recueil, le mouvement de lecture à la fois linéaire et objet d'inclination, qui s'apparente au mouvement de la barque. La lecture du récit intitulé « Les planches courbes » se veut ainsi nourrie des expériences poétiques antérieures, d'enfance et de passage. Cette problématique du passage est centrale dans ce « récit en rêve ».

<u>1 – Un double mouvement d'écart et d'accueil</u>

a) Le géant et l'enfant :

Le titre de la section n'est pas le seul écho aux sections précédentes. La quête par l'enfant d'un foyer, d'une « maison natale » – même « déserte » ou « perdue » –, l'espoir d'un lien et d'un lieu possible avec un « père » constituent autant de passerelles thématiques qui font du recueil une sorte de « traversée initiatique ». Mais ce récit en rêve est d'abord traversé par une **énergie de dislocation et d'écart,** dont l'effet est particulièrement sensible au début du récit et semble accentuer la rupture entre le géant et le paysage. L'homme se tient à l'extérieur, en dehors du paysage, comme en témoignent les prépositions spatiales et les repères de lieu : face à l'enfant apparaissant « *sous* les roseaux », l'homme se tient «*sur* la rive, *près de* la barque», elle-même «*contre* son appontement ou une pierre». Puis il s'assoit «*sur* une pierre, *près de* sa barque». Au même moment «la clarté de la lune *était derrière lui, posée sur* l'eau du fleuve». Tout le début du récit met en œuvre conjointement une tension entre immobilité et mouvement : l'homme «immobile» «se tenait», la «clarté était». Au figement quasi pictural du tableau s'oppose un frêle mouvement : «l'enfant [...] s'approchait», la «barque bougeait». Les deux personnages s'opposent également au début par leur qualification. L'enfant est caractérisé par ses actions, même infimes : «s'approchait», «tenait serrée», voix «qui tremblait». L'évocation du géant, en revanche, est paradoxalement placée sous le signe du verbe «être» : «L'homme *était* grand, très grand», «géant, qui *était* là immobile», «le passeur, absent de soi comme il semblait *l'être*». Indice ou faille du langage, signe ou pléonasme*, le verbe «être» est maintenu alors même qu'évoluent les substituts nominaux («homme», «géant», «passeur»). L'opposition entre les deux personnages est en outre mise en valeur, dès le début du dialogue, par l'appellation «mon petit», qui souligne autant les caractéristiques physiques que le contact affectueux avec l'enfant.

b) Les moments charnières :

Or c'est bien dans ce lieu disloqué, où sont juxtaposées des réalités qui ne communiquent pas entre elles, au cœur même de cette opposition entre les personnages, que va être posée la question fondamentale qui lie la parole et le lieu : «Où est ta maison, dis-moi.» Dès lors, il semble que par l'immersion dans le rêve et les glissements de la prose, ce lieu éclaté puisse se transformer en lieu d'accueil. Le mouvement de quête, moteur des poèmes en vers, semble trouver dans le récit une forme d'apaisement progressif. Cette progression rencontre singulièrement une remarque d'Yves Bonnefoy dans *Rue Traversière et autres récits en rêve* : «Au "vers" qui va en avant, ajouter cette réflexion, cette **"prose" qui recueille**.» Le récit reprend en effet certains motifs récurrents du recueil pour les ordonner autour d'une trame narrative : motifs élémentaires («la clarté de la lune», «la barque», «la pierre»), motifs familiaux («une maison», «un père», «une mère») et réflexion sur le nom.

Conjointement émergent des « lieux d'accueil », l'« appontement », les « vastes mains », les « épaules », l'« oreille ».

L'écart par rapport au « vers qui va en avant » est également sensible par le **ralentissement du rythme** qu'imposent les silences dans le dialogue : « l'enfant *de se demander maintenant* ce que c'est qu'un père, une mère », « reprit le géant *comme après quelque réflexion* », l'enfant « s'était approché du passeur qui maintenant *se taisait*, il entendait sa *respiration égale, lente* ». Ces silences mêmes accueillent des sonorités qui résonnent comme un appel souterrain, propre à l'écriture du rêve. « Le *passeur s'ass*it *sur* une *pierr*e, *pr*ès de *s*a ba*r*que » : le déplacement du géant est mis en valeur par les sonorités [p], [s] et [r], qui insistent sur les consonnes du mot « passeur ». La phrase poétique suggère ainsi un moment charnière, moment de passage justement, en faisant entendre une évolution alors même que les personnages ne parlent plus. À l'échange initial succède un second moment du récit, très court, centré sur une série d'actions, mais qui paraissent lentes, comme décomposées, hors du temps : « Le géant se pencha, le prit dans ses vastes mains, le plaça sur ses épaules, se redressa et descendit dans sa barque. » L'effet est mis en valeur par l'accumulation syntaxique en asyndète* et par le « mouvement brusque » de l'enfant, rendu d'autant plus sensible que l'atmosphère semble lourde et lente. Ce moment du passage est marqué par une tension dynamique entre « haut » et « bas », qui semble annoncer une forme d'hésitation entre le statut d'homme (le père) et celui de héros (le géant), et par une oralité affectueuse, qui témoigne d'une évolution de l'interrogation à l'exclamation : « Allons [...] Tiens-toi bien fort à mon cou ! » Cette tension entre haut et bas sera maintenue jusqu'au bout du récit : à l'exclamation de l'enfant qui demande de l'être (« Sois mon père ! Sois ma maison ») s'oppose la « voix *basse* » du géant qui demande d'« oublier les mots ».

2 – « Gravité » de la paternité

a) Du poids... :

Le récit des « planches courbes » relate une rencontre entre un passeur et un enfant qui, cherchant à atteindre une autre rive, se révèle en quête d'un père et d'une maison. À la caractérisation initiale de l'homme « grand, très grand » va succéder une caractérisation par le poids : c'est « sous le poids de l'homme et de l'enfant » que cède la barque, ouvrant les deux êtres à une communion avec les éléments. L'étymologie du nom « **gravité** » dit à la fois la pesanteur et l'importance de la charge qui incombe désormais au géant. En outre le couplage sonore implicite des mots « masse » et « passe » met en valeur une forme d'accord de la poésie et du poids. Il s'agit d'interroger poétiquement le monde en pesant contre lui de tout le poids de l'expérience et des mots.

Avant la rencontre, l'homme est présenté comme un héros, caractérisé par sa grandeur. Il a l'initiative du dialogue, explique des mots. À la fin, il est littéralement débordé et fléchit sous le poids de l'enfant en renonçant au langage. Mais en perdant le rapport didactique au langage et à l'enfant, il gagne en intensité et en intimité dans le rapport avec le monde, les éléments. L'**immersion** progressive est préparée par des rapprochements successifs. L'homme « qui se tenait sur la rive [...] s'assit sur une pierre, près de sa barque. Sa voix vint de moins loin [...] le géant se pencha, le prit dans ses vastes mains [...] et descendit dans sa barque [...] il retenait l'enfant par une jambe ». Cette expérience fusionnelle prend la forme d'une ouverture au monde dans sa dimension cosmique : « le bruit de l'eau *s'élargit* sous les reflets, dans les ombres », « il nage dans cet espace sans fin de courants qui s'entrechoquent, d'abîmes qui *s'entrouvrent*, d'étoiles ». Bruits, reflets, ombres, courants, l'élargissement de l'univers des êtres passe par une sorte de synesthésie* qui caractérise la fusion en train d'opérer. Cette dernière est également soulignée par deux signes de débordement : l'hiatus sonore inaugure une amplification verbale, par cinq propositions juxtaposées en asyndète* :

> **Le passeur peine à la pousser en avant, *l'eau arrive à hauteur* du bord, elle le franchit, elle emplit la coque de ses courants, elle atteint le haut de ces grandes jambes qui sentent se dérober tout appui dans les planches courbes.**

b)... à la fusion :

Les verbes développent une dynamique paradoxale d'élévation qui témoigne de la transformation des relations entre l'homme et l'enfant.

En effet, cette évolution du rapport au monde s'accompagne de l'accroissement physique de l'enfant, qui prend la forme gigantesque de l'homme. Le géant, quant à lui, avait déjà ouvert une brèche en se mettant au niveau de l'enfant (par l'isotopie* du « bas », la douceur des sons, la tonalité affectueuse). Il semble ici que l'enfant à son tour se métamorphose pour rejoindre l'autre : « Il a repris dans sa main la petite jambe, qui est immense déjà. » Le verbe suggère, par son préfixe, la double valeur de recommencement et de retour. Régression et « gigantisation » sont les deux faces du même désir de communion. Ainsi la question inaugurale du récit « Qui es-tu ? » trouve-t-elle une réponse dans la fusion, la superposition des deux êtres, qui commence dans les « *vastes* mains ». Or, dans le même temps, cette question se retourne vers son locuteur. Car le géant se définit lui-même dans une restriction de son être. À la question de l'enfant « Veux-tu *être* mon père ? », le géant répond : « Mais je *ne suis que* le passeur ! » Les deux êtres ne trouvent pas de réponse dans les mots à la question de l'être. C'est dans le silence de la fusion et la découverte de la communion que va se trouver la réponse.

<u>3. « On est le fils de son enfant » : des mots à l'expérience</u>

a) Vertige du manque :

Yves Bonnefoy a fait l'expérience de la paternité et il formule dans *L'Arrière-pays* cette phrase qui résonne étrangement avec le récit du passeur : « On est le fils de son enfant, c'est tout le mystère », miroir de ces mots traduits du poète Wordsworth : « L'enfant est le père de l'homme » (« *Child is the father of man* »). En effet, « Les planches courbes » se révèlent fondamentalement une méditation sur la paternité qui repose sur une dynamique de **l'inversion**. L'évolution du rapport entre les deux personnages est symboliquement marquée par l'inversion des prises de parole. C'est presque une poétique de la « voix brisée » qui se dévoile, chaque prise de parole se révélant le signe d'un manque. Au début, la « voix claire » de l'enfant vient perturber le passeur « absent de soi ». Puis les interrogations du passeur se heurtent au silence de l'enfant qui « ne répon[d] pas ». Enfin, dans une ultime inver-

Yves Bonnefoy avec sa fille : « On est le fils de son enfant, c'est tout le mystère. »

sion, la « légère voix cristalline » s'approche « du passeur qui maintenant se taisait ». Dans cette alternance se joue aussi une ronde de questions-réponses, dont la rhétorique de l'enchaînement met au jour le déficit des mots et du sens : « je ne sais pas [...] Comment, tu ne sais pas ! », « je ne sais pas [...] à nouveau, assez vite [...] tu ne sais pas ! Mais tu sais bien ». Le récit insiste ainsi sur la double valeur étymologique de *l'innocence* et de *l'enfance*. Le petit être n'est jamais évoqué autrement que par ce « nom », « l'enfant », dont il semble même ignorer le sens. L'*in-fans* et l'*in-nocens* se superposent ici : celui qui ne parle pas, ne possède pas les mots est celui qui ne sait pas. Ce vertige du manque explique la position intenable de l'enfant qui ne peut faire entendre la force de son désir que dans la précarité de sa voix : « veux-tu être mon père ? [...] il s'interrompit aussitôt, la voix brisée par les larmes. »

b) Définir le père :

Le premier échange entre le passeur et l'enfant, marqué par une circularité verbale dénonçant le vide du sens, explicite une réflexion sur le « nom », à l'image de l'enfant qui « essaya de comprendre ce que pouvait être un nom ». À la triple question « N'as-tu pas un père, une mère ? Où est ta maison ? », l'enfant choisit intuitivement le questionnement sur le père : « un père, qu'est-ce que c'est ? » La virginité et l'innocence de l'enfant dans son rapport aux mots permettent d'interroger la capacité du langage à coïncider avec l'expérience. Une deuxième sorte d'inversion témoigne ainsi de la transformation du discours en expérience. Car le passeur définit de façon étonnamment touchante les mots de « maison », « père » et « mère ». Le rapport de l'enfance à la maison natale et aux parents est en effet rythmé par le jeu, le repas, le repos, le contact affectueux, la douceur, les odeurs. La définition du père, fondée sur un contact rassurant et la conjuration de la peur, s'accomplit en acte dans la transformation du géant. La tonalité orale et affective avec laquelle le passeur s'adresse à l'enfant repose symboliquement sur l'ellipse du verbe être qui caractérisait outrageusement le géant au début du récit : « Eh bien, celui qui... », « c'est vrai », « mais alors ». Le père défini comme « celui qui [...] *prend* sur ses genoux [...] *s'assied près de* toi [...] pour te *raconter* une histoire » va peu à peu prendre les traits du passeur qui «*s'assi[ed] près de* sa barque», *raconte* à l'enfant l'affection d'un père et d'une mère, «*pr[end* l'enfant] dans ses vastes mains et le pla[ce] sur ses épaules». Ainsi le passeur est-il en train d'être un père au moment même où il essaie de l'expliquer.

Cette forme de supériorité de l'expérience sur les mots est mise en valeur une fois encore par les résonances sonores qui en démultiplient l'effet. Le récit en prose recueille la matérialité sonore de la langue pour offrir le sens qui ne peut se dire. Ainsi dans l'explication de ce qu'est «une mère» se devine l'expérience du manque ou de la nostalgie, par les allitérations* en ch-, qui donnent à ressentir à l'enfant innocent la voix de l'apaisement, de la berceuse, sous laquelle s'entend un doux «chut» : «*j*eunes», «*ch*antent», «*ch*anson», «*ch*auffe». Plus tard, le «soupir» de l'enfant et le «mouvement brusque» vont constituer une rupture accompagnant la transformation du passeur en père : «il *p*lanta la *per*che», «le *p*asseu*r* *p*ut *pr*end*r*e alors la *per*che à deux mains», «le *p*asseu*r* *p*eine à la *p*ousser». L'allitération en [p] et [r] fait jaillir le mot «père», appelé presque par la répétition du mot «perche». Et si *Dans le leurre du seuil*, le poète écrivait que «ta perche recherche», celle-ci dans «Les planches courbes», associée aux verbes «retenir» et «planter», suggère l'imminence de la fécondité, de la paternité. La perche constitue la réalité matérielle qui permet de sortir de la «boue», signe de l'atteinte portée à la plénitude de la forme par les forces de la matière. La perche devient la métaphore du langage poétique, qui a vocation à creuser la matière pour avancer dans sa quête. Le poète-passeur découvre aussi dans son propre corps l'équivalent charnel de la perche, la «main», qui prend, retient, accueille, «fait signe».

c) Devenir père :

C'est singulièrement dans le rapport simple d'un «doigt» à une «oreille» que se révèle le désir, le doigt démonstratif semblant montrer la voie de l'écoute. Ce désir est d'abord une question timide («veux-tu être mon père?») avant d'être une prière impérieuse («Sois mon père!»). Le ton progressivement plus affirmé de l'enfant est singulièrement souligné par le martèlement du [p], son du désir de paternité : «je dois *p*asser le fleuve [...] j'ai de quoi *p*ayer le *p*assage». Le dialogue final semble un écho inversé au dialogue initial, dans une rhétorique d'opposition et de négation, menée par l'enfant. Au « *Mais je* ne suis que le passeur », l'enfant rétorque « *Mais je* resterais avec toi », inversant le rapport de forces et la tension entre « passer » et « rester ». Le conditionnel, « ce mode verbal [qui] est l'icône grammaticale de l'insatisfaction » (selon le critique Michael Riffatterre), alimente le désir et la quête. Paradoxalement, l'enfant libère le passeur de la solitude et d'un monde sans relation. La dernière phrase du récit isole « la petite jambe » et le « bras libre ». La métonymie* souligne combien ces deux êtres finissent par être parties d'un tout, d'une famille, de l'univers. Et l'hypallage* met en valeur les adjectifs qui unissent désormais les deux êtres. Ils sont « petits » au sein d'un « espace sans fin », mais surtout ils sont « libres ».

Conclusion

Le rétrécissement progressif de la parole dans le récit semble être la condition de l'accroissement possible, de l'accomplissement surtout, des êtres. Le passeur apparaît ici comme le double nocturne du poète, dépositaire du manque, qui simultanément travaille à l'avènement de l'espoir. Car le récit des « Planches courbes » est l'expression d'une sorte de rêverie élémentaire qui vise la *rive* à travers le *rêve*. La proximité sonore des deux mots est soulignée par ce rêve au conditionnel de l'enfant qui s'exclame : « Je *r*esterais s*i* *v*olontiers aup*r*ès de toi su*r* la *rive*. » Les sonorités en [r], [i] et [v] constituent une forme d'appel existentiel et poétique. Au bout de l'expérience, les sons coïncident enfin avec le désir. Sans doute faut-il écouter le message final du passeur-poète, suggérant d'« oublier les mots », de privilégier les sons et l'expérience pour faire advenir le sens.

à vous...

1 – À quelle figure mythologique le « passeur » est-il généralement associé ? Après avoir effectué une recherche iconographique sur des figures de passeur, vous les comparerez avec l'image du « nauto-

nier» dans les deux sections du recueil, «Dans le leurre des mots» et «Les planches courbes».

2 – Vocabulaire : quel est le dernier nom qui qualifie la barque? Commentez son effet dans le texte.

3 – Commentez le rapport entre le premier et le dernier nom du récit.

4 – En quoi peut-on rapprocher la méditation sur la paternité de Bonnefoy de celle de Charles Péguy, qui qualifie le contraire du père comme «l'homme libre, [...] l'inlié, [...] l'homme aux pieds légers» (*Dialogue de l'Histoire et de l'âme charnelle*, Pléiade) et caractérise ainsi le père :

> «Lui seul il expose, il est contraint d'exposer aux tempêtes de mer un énorme appareil, un corps plein, toute la toile; et quelle que soit la force du vent il est forcé de naviguer au plein de ses voiles. Tout le monde a barre sur lui et il n'a barre sur personne.»

5 – Est-il possible, selon vous, de rapprocher le dialogue initial des «Planches courbes» et ce poème intitulé «L'étranger», qui ouvre *Le Spleen de Paris*? Dans quelle mesure le titre de Baudelaire peut-il éclairer certains aspects du dialogue?

«L'étranger

«Qui aimes-tu le mieux, homme énigmatique, dis? ton père, ta mère, ta sœur ou ton frère?
– Je n'ai ni père, ni mère, ni sœur, ni frère.
– Tes amis?
– Vous vous servez là d'une parole dont le sens m'est resté jusqu'à ce jour inconnu.
– Ta patrie?
– J'ignore sous quelle latitude elle est située.
– La beauté?
– Je l'aimerais volontiers, déesse et immortelle.
– L'or?
– Je le hais comme vous haïssez Dieu.
– Eh! qu'aimes-tu donc, extraordinaire étranger?
– J'aime les nuages... les nuages qui passent... là-bas... là-bas... les merveilleux nuages!»

6 – Sujet de dissertation :

Philippe Jaccottet écrit dans un article intitulé « Une lumière plus mûre » (l'*ARC* n° 66, Paris, 1976) : « À travers la prose, c'est le proche et le simple qui accèdent au livre, et le travail discursif de la réflexion qui essaie de trouver sa place dans le chant sans le détruire. » Vous discuterez cette citation à partir de votre lecture du recueil.

Bilans

En aval des « Planches courbes » : vers la fin du chemin

Absence et quête de lumière

La fin du recueil est véritablement marquée par l'évocation d'un monde en négatif. C'est une vision en clair-obscur qui caractérise autant les poèmes que les récits en prose. C'est du « fond de la nuit » que se nourrit le rêve, au moment où le monde « noircit [...] l'arbre de la parole humaine ». Dans la section « Jeter des pierres », la « route nocturne » longe un paysage dévasté, désertique, alors que « depuis si longtemps déjà la nuit aurait dû finir », que « la nuit [...] régnait désormais sans fin concevable sur le monde ». Le dernier poème du recueil est aussi un poème de nuit : « Et nous étions là, dans la nuit, à jeter des pierres. » Cette nuit apparaît dans un rapport à la lumière absente. L'allégorie de « la ténèbre » hante la fin du recueil, elle aussi risque de « recouvr[ir] de cendres la lumière » et d'amenuiser la chance de « laisse[r] filtre[r] de la lumière » du monde. Dans « Rouler plus vite », la flamme entrevue, signe d'espoir, « redevena[nt] cendre pourpre [...] s'éteignit. La clarté disparut ». Dans cette vision de nuit surgissent quelques taches de lumière, notamment dans le dernier poème qui renoue avec l'espérance : « Et nous nous regardions en riant dans la clarté de la lune, qui surgissait de partout [...] » Ailleurs, ce sont surtout des taches de couleur qui jaillissent de l'obscurité : « ciel rouge » (p. 109), « le bleu et [...]

l'ocre rouge» (p. 112), «rouge et triste comme le son du cor» (p. 117). Les deux poèmes «itinérants» en début de dernière section sont marqués par les «grosses veines», les «coulées de gravass» du paysage, alors que «la route perçait la masse noire, indécise». C'est la couleur qui introduit la rupture chromatique et temporelle dans l'errance nocturne : «Et voici qu'une rougeur y parut, soudain [...] La rougeur s'accrut, elle élargit sa prise sur l'horizon, des taches de clarté intense, comme d'un feu, s'y firent jour, et le ciel autour d'eux en était déjà presque rose.» Mais il ne s'agit que d'une épiphanie lumineuse; le poème replonge dans une obscurité sans espoir.

La menace du chaos

La dernière section «Jeter des pierres» semble présenter une vision de chaos. Ce parcours vers l'inconnu, en fin de recueil, apparaît comme la métaphore de la conscience de l'inconnu au seuil de la vie. Ce paysage chaotique a des contours indéfinis («Au loin [...] deux lignes indéfinies», le «seuil se dérobait, s'effaçait»), un relief dévasté : «étendue caillouteuse», «bosselée de collines basses», «rares buissons», «sans étoiles», «asphalte nue», «route caillouteuse». Or, contre toute attente, ce monde vide se met en branle, dans une sorte d'éruption qui dessine et colore un nouveau paysage, issu du réveil monstrueux de la terre : «le sol se gonflait, à n'en pas douter, se hérissait de bosses et, qui sait, de creux, avec peut-être de l'eau» (p. 121), «de la roche avait commencé d'en boursoufler, d'en fendre le sol, ses affleurements ne cessaient plus de s'étendre, de grossir, il fallait que cahotât la voiture sur ces grosses veines, [...] des coulées de gravats rugueux» (p. 123). Le *caho*tement de la voiture semble un effet sonore du *chaos*, la matière dure et rugueuse se révèle matière vivante, rouge et sanglante. L'énigme de ce paysage est mise en valeur par des modalisations qui orientent le récit vers le rêve : «peut-être simplement», «quelque chose comme», «semblait», «qui sait», «peut-être». Le rêve semble pouvoir offrir une chance d'accès à «l'autre côté sans nom» que visent aussi les jeteurs de pierres du dernier poème. La troisième caractéristique de ce paysage est l'effet de symétrie, de «monde à l'envers», entre terre et ciel. La vision se fait «au ras de ces collines enchevêtrées entre le ciel et le monde » (p. 122) et les « grands remuements » du monde « se faisaient aussi dans le ciel : montagnes, d'eau peut-être, qui s'effondraient, masses vaguement sphériques qui se heurtaient, se repoussaient, se cognaient à nouveau et bourdonnaient ou tournaient à grands bruits d'abîmes puis se perdaient dans l'increé, dans l'absence ». Cette dernière phrase du poème central « Rouler plus loin » témoigne du franchissement de la frontière entre la forme et l'informe, la présence et l'absence, propre au récit en rêve. C'est une esthétique du glissement et du heurt qui se donne à lire dans cette section, métaphore de l'angoisse du poète face au vide et au tumulte du monde.

Permanence de l'espérance

Dès les poèmes en vers, encadrés par les récits en prose, se donnait à entrevoir le « filtre » de l'espérance malgré tout. Il s'agit dès lors pour le poète de « nier la négation », en quelque sorte, de faire ressortir le clair de l'obscur, l'horizon dans le chaos. À l'image de cet « arbre de la parole humaine, qui espère », le poète formule le vœu d'une fécondité, d'une présence ancrée dans le monde et les êtres. La figure de l'antiphrase dans la section en vers témoigne de ce désir d'inverser la vision du monde. Ainsi les expressions négatives comme « aider à détruire », « cesser de désirer nous aussi, ou d'aimer », « nous détournant, nous taisant » sont-elles à comprendre comme menace à conjurer par un rapport plus fécond au langage. « L'or sans visage » laisse entrevoir une vision de cauchemar, qui se développe dans la dernière section, afin de pénétrer le tumulte et d'en montrer l'issue fatale : « En recouvrant de cendres la lumière, / De faire que la terre, ce ne soit plus / Que le désordre des roches du fond des combes » (p. 114). Mais c'est la traversée même de ce tumulte, de ce chaos, qui peut ouvrir à la vision d'un monde uni et réconcilié, par l'espoir et le consentement de la poésie. Dès lors peut se transformer « l'or sans visage » en ce « rose sur leur visage » qu'offre la communion dans un regard. Les récits de fin de recueil laissent ouverte la chance d'une issue au chaos. Le mystère réside autant dans le fracas du paysage que dans la « trouée » – le mot est de Bonnefoy – d'un espoir (p. 123) :

> **Avancer dans ces conditions, ah, que c'était difficile ! [...] Et qui sait si, alors, nous pourrions nous écarter de la chaussée par une des fondrières du bord pour retrouver plus loin la route qui au-delà allait droit (cela restait vraisemblable) ?**

On retrouve ici la nécessité de l'écart, du mouvement courbe pour rejoindre une route « qui [va] droit ». La vie est faite de ce double mouvement courbe et rectiligne, qui correspond à une double posture de consentement et d'espérance : « Rouler, pourtant, rouler puisque mystérieusement le moteur ne cessait pas de le consentir, avancer à tout prix, ne pas cesser d'avancer. » Cette tension des contraires est à l'œuvre dans le dernier récit, où les enfants dégagent « difficilement mais en hâte » « des pierres grises, des pierres étincelantes dans le noir », écho à la perche du passeur sortie de la boue. La menace du chaos semble éloignée (« toujours nos yeux se levaient du sol dévasté vers d'autres yeux, et c'était encore ce rire »), et l'enfance se meut hors de toute référence spatiale et temporelle : « là-bas, de l'autre côté sans nom, dans le gouffre où il n'y a plus ni haut ni bas ni bruit des eaux ni étoile ».

Le poème final renoue ainsi avec l'espérance qui a jalonné tout le recueil. C'est encore « dans la clarté de la lune » que jaillissent les rires. La joie au bord du « ravin » fait écho à un titre de la première section « La pluie sur le ravin ». En fin de parcours, le poète lui aussi « cherche, simplement / À voir, comme l'enfant voit » (p. 108), réintroduisant le rêve et le rire et faisant rouler les pierres. Cette matérialité en mouvement renvoie de façon ultime au glissement de la barque. Et ce mouvement horizontal n'est pas dissociable du mouvement d'élévation qui court également dans tout le recueil. Ce geste victorieux des enfants qui élèvent la matière « à deux mains, au-dessus de [leurs] têtes » naît du même élan que le geste du passeur prenant l'enfant sur ses épaules. C'est l'enfance qui est ainsi brandie, « plus haute, plus grande que tout au monde ».

Au cours de l'eau : sens des « Planches courbes »

Variations sur les « planches courbes »

En fin de parcours, il est temps de se retourner et d'observer où vont ces « planches courbes [...] ajointées par l'espérance » au fil du recueil. Les « planches courbes » sont apparues avec précision à trois moments dans le recueil, relayées en de nombreux poèmes par les motifs de la « barque », du « navire » ou de l'« esquif » (p. 35, 38, 47, 61, 96, 103...). Elles sont d'abord évoquées, presque définies, à la fin du premier des deux poèmes de la section « Dans le leurre des mots » :

> **Les planches de l'avant de la barque, courbées**
> **Pour donner forme à l'esprit sous le poids**
> **De l'inconnu, de l'impensable, se desserrent.**
> **Que me disent ces craquements, qui désagrègent**
> **Les pensées ajointées par l'espérance ?**

Le lecteur croit alors trouver enfin un éclairage possible du titre, qui avait créé un horizon d'attente. Or, dans ces vers, la construction syntaxique joue sur l'interprétation. Car il ne s'agit pas exactement de l'expression « les planches courbes ». Et c'est justement cette variation qui va créer du sens. Le double complément « les planches *de l'avant de la barque* » oriente le regard vers la proue de la barque, spécialisant avec précision le nom « planches » – terme par ailleurs prosaïque –, précision elle-même renforcée par l'article défini « *la* barque ». Les planches s'inscrivent alors dans une triple dimension d'horizontalité, de mouvement et de contact avec la liquidité. Or, le polyptote* engendre conjointement une deuxième nuance importante. Les planches ne sont pas « courbes » mais « *courbées* ». La variation de l'adjectif au participe passé suggère non un résultat, mais une action subie dont le complément d'agent, démiurge ou abstraction, serait passé sous silence. À cette ellipse génératrice de mystère s'oppose un but clairement exprimé, à grand renfort de prépositions : « *Pour* donner forme *à* l'esprit *sous* le poids / *De* l'inconnu, *de* l'impensable. » Ainsi l'image de la barque induit-elle à la fois l'horizontalité d'un sol – d'un plancher –, et la forme incurvée des extrémités de l'embarcation. La préposition « sous le poids » suggère une gravité, au double sens du terme. La référence prosaïque à la planche, matérialité et linéarité, est ici au service d'une métaphore* profonde sur la difficulté de saisir le réel et la nécessité de l'espérance. Le passage de l'assertion à l'interrogation finale suggère l'angoisse du poète-enfant en même temps que le consentement au doute et à la menace. Les planches plient peut-être, se déjointent, mais elles résistent, ne se brisent pas. Elles sont guidées par « l'étoile », dont la barque est le reflet mouvant, une étoile seule « à bouger / Dans le ciel illusoire des astres fixes ». Ainsi le rapport à la barque est-il à la fois d'ordre métonymique* – ses planches courbes, partie pour le tout – et métaphorique, « Vénus », « l'étoile » et « la poésie » se fondant en une seule image « augurale » et lumineuse.

Les « planches courbes » ont évolué dans le rêve de « La maison natale » (poème V), dans un contexte beaucoup plus dysphorique :

Or, dans le même rêve
Je suis couché au plus creux d'une barque,
Le front, les yeux contre ses planches courbes
Où j'écoute cogner le bas du fleuve.

On retrouve l'horizontalité (« couché ») et l'idée de gravité dans l'expression « au creux de ». La barque semble bien dans les deux cas le lit du rêve. Le « je » témoigne ici d'un souvenir confus plus qu'il n'interroge, à l'inverse de la première évocation, qui supposait une superposition entre l'enfant et le poète, l'expérience et la réflexion. Mais la suite du poème révèle la même angoisse de l'écart, de la perte de jointure, de liaison : « Je suis saisi par ces douleurs qui cognent / Aux chambranles qui se délabrent, je me hâte. » Le je est paniqué face au délitement du monde qui se désagrège dans le trouble de la relation sensible. Le poème de « La maison natale » marque une évolution : les planches sont bien « courbes », comme si le mouvement amorcé dans la section précédente avait trouvé un accomplissement. Mais la forme courbe est ici un leurre : ni giron maternel, ni protection circulaire. Les voix crient « derrière des portes », dans le leurre du seuil.

L'expression « les planches courbes » maintient le lien entre les troisième, quatrième et cinquième sections. Par rapport à l'horizon d'attente du lecteur, il faut patienter jusqu'à la troisième évocation pour que l'espérance se fasse jour, pour que la « jointure » prenne le dessus sur la « désagrégation ». Les « planches courbes » sont d'abord hissées comme titre de la cinquième section sur le passeur et l'enfant. Le statut de l'expression a évolué une fois encore. Associées à la panique dans la maison natale, les « planches courbes » font désormais entendre leur lent clapotis ; à l'errance de l'enfant succède l'espoir d'une rive ; et surtout le sentiment de solitude semble pouvoir être apaisé par la figure du passeur. La gravité de l'enjeu, ce « poids de l'inconnu » s'est déplacée. C'est « sous le poids de l'homme et de l'enfant » que « fléchi[t] » la barque, c'est-à-dire non seulement « plie » mais aussi « se replie » dans une intimité possible. Les grandes jambes du géant « sentent se dérober tout appui dans les planches courbes [...] c'est plutôt comme si [l'esquif] se dissipait dans la nuit » – dernière vision de ces énigmatiques « planches courbes ». La barque, étoile et lieu de poésie ne se rompt pas, elle s'efface dans l'indétermination du « comme si ». L'angoisse est conjurée par la perspective d'un lien humain.

La force du titre

Dans quelle mesure le titre « Les planches courbes » a-t-il été, à son tour, un guide de lecture du recueil ? Tout d'abord parce qu'il renvoie à l'image de la barque, qui est une métaphore de l'approche poétique : rapport sensible avec la matière du monde – contact du bois et de l'eau, oscillation du mouvement fondée sur le contrepoids, clapotis sonore, nécessité d'un poète-passeur. La barque et donc les « planches courbes » peuvent apparaître *in fine* comme « vrai lieu » par le débordement de la sensation sur le langage, comme en témoigne la fin du conte du passeur. Elle est le lieu intérieur de la traversée, d'un passage désiré et impossible : « La main tendue qui ne traverse pas / L'eau rapide, où s'efface le souvenir », « je suis couché au plus creux d'une barque / [...] je désire plus haute ou moins sombre rive ». Les « planches courbes » sont au fil des poèmes un lieu d'écoute de la rumeur du monde, d'accueil des ombres et de la lumière. C'est justement parce qu'elles sont « désajointées » qu'elles laissent « filtrer » de la lumière et

« tamiser » les souvenirs, pour reprendre deux verbes-clés de Bonnefoy. Les « planches courbes » de la barque apparaissent ainsi comme lieu d'une traversée initiatique qui part du constat interrogatif (« Que me disent ces craquements, qui désagrègent / les pensées ajointées par l'espérance ? ») pour faire l'expérience douloureuse du monde, de l'angoisse, de la mort (« cogner le bas du fleuve », « saisi par ces douleurs qui cognent ») avant d'entrevoir une « autre rive » enfin possible, celle d'un foyer.

Les « planches courbes » désignent à la fois la faille et la forme, l'union et la désunion, le rassemblement et la désagrégation, le craquement et la résistance. Elles participent de ce que l'on pourrait nommer une éthique et une esthétique de l'*imperfection*, qui accueille la confusion, le désajointement des formes traditionnelles, la désarticulation rythmique, les ruptures de rythme, les craquements sonores. Ce dispositif de « désécriture » – le mot est de Bonnefoy – ferait résonner dans le recueil ce corps à corps de la poésie avec ce que la matière verbale a de plus obscur. Il serait aussi la condition d'accès au sens, indissociable de l'énergie d'un commencement, comme l'évoque magistralement le récit des « Planches courbes » où le corps à corps du géant et de l'enfant ouvre le champ (et le chant) du sens – les mots « père », « maison », « rive », « passage ».

Le rapport complexe à l'image

Bonnefoy participe aux grandes interrogations de la poésie depuis l'après-guerre, qui touchent à l'authenticité d'une saisie du réel, après les dérives du surréalisme. Son œuvre poétique et critique révèle un rapport complexe avec l'image, dont témoigne également le recueil *Les Planches courbes*.

Comme de nombreux poètes de sa génération, Bonnefoy a opposé à l'image surréaliste (tournée vers l'arrière-monde, l'ésotérisme, l'évasion par rapport au monde lui-même) le choix du monde réel, sensible, concret, sans vouloir lui conférer des valeurs ou des significations préétablies. Les « abîmes du réel » ouvrent sur un paysage en ruine, et il s'agit plutôt de savoir regarder des « paysages avec figures absentes », pour reprendre le titre d'un recueil de Jaccottet, dépouillés des figures divines comme des figures de la rhétorique. Bonnefoy reproche à l'image surréaliste de « brouille[r] la figure de notre lieu », aussi l'écriture poétique s'accompagne-t-elle d'une sagesse critique. La conscience du danger d'une image qui dérive, qui éloigne du désir de dire le réel, n'est pas dissociable de la fatalité de l'image, constitutive de la poésie. Ainsi le poète choisit-il d'accepter l'image tout en veillant à en faire bon usage, comme approche possible de la réalité. Le double mouvement de céder aux images et de les mettre en doute en même temps est une caractéristique fondatrice de la poésie moderne, évoluant dans l'« ère du soupçon ».

Le terme même d'« image » est à préciser concernant Yves Bonnefoy, qui est à la fois iconolâtre et iconoclaste. L'image pour Bonnefoy ne se réduit pas à la figure de rhétorique. Dans un premier mouvement de sa poésie, il s'est abandonné à l'image qui laisse pressentir l'ailleurs, dans une surcharge métaphorique* qu'il espérait conjuration du « concept ». Or, dans son évolution vers une poésie qui accepte la finitude et conserve la foi dans le réel d'ici-bas, Bonnefoy considère de plus en plus l'image comme suspecte, car elle fait entendre un appel hors du monde de l'ici, vers l'évasion. La *Leçon inaugurale* au Collège de France marque une étape décisive, affirmant « la vérité de parole » dans « la guerre contre l'image, pour la présence ».

La posture de Bonnefoy n'est cependant pas aussi nette. De fait, la question de l'image met au jour la division de l'être du poète, écartelé entre le désir de l'ailleurs et le choix de l'ici. En témoigne, dans « La maison natale », le souvenir des premières années qui renvoient aussi aux premières années en poésie, proches du surréalisme : le vers « Vois sur les murs tes premières images » (p. 88) est associé à une image ambiguë de l'ailleurs, matérialisée par la carte de géographie déformée. Dans cette épreuve de sa dualité, l'image est objet de méfiance parce qu'elle trahit le réel, le transforme en lieu d'exil, laisse échapper le simple. La tâche du poète, qui rejoint celle de l'enfant, est de voir « Au-delà des images qui chacune / Nous laissent à la fièvre de désirer » (p. 72). Bonnefoy fait du rapport simple à l'image un impératif éthique,

Yves Bonnefoy, poète et professeur au Collège de France.

un parti pris du contact avec le réel contre la fascination de la distance métaphorique*. Mais il laisse aussi apparaître sa dualité, dans une violence poétique contre soi-même. La section « Dans le leurre des mots » est sous le signe de la « chimère » qui « leurre » : le poète a recours à l'image tout en dénonçant le risque (p. 73) :

> **[...] rien qu'un peu de lumière, est-ce possible**
> **Ou n'est-ce pas que l'illusoire encore, [...]**
> **[des traits] irisés du même éclat trompeur [...]**
> **Des mots qui offrent plus que ce qui est,**
> **Ou disent autre chose que ce qui est.**

L'image est ainsi un seuil verbal entre l'exil et le vrai lieu : « Si l'image (qui se propose comme le seuil) est en cela un leurre, qu'on la comprenne comme un leurre et elle redevient le seuil. » L'image ne se donne pas comme un absolu mais une approximation, dans une stratégie d'énonciation* qui en accueille la précarité et la mise en doute. Les expressions « comme si, quelque chose comme », la juxtaposition de vers métaphoriques et de vers épurés, jalonnent les poèmes des *Planches courbes* et visent à déjouer toute prétention de l'image :

> **Non, les images se heurtent à l'eau qui monte,**
> **Leur syntaxe est incohérence, de la cendre,**
> **Et bientôt même il n'y a plus d'images [...]** (p. 79)
>
> **Et je touchais, hésitant, dans l'image [...]** (p. 84)
>
> **Trop vastes les images, trop lumineuses,**
> **Que j'ai accumulées dans mon sommeil [...]** (p. 87)

Ce sont significativement les cartes à jouer du père, support concret qui pourtant reçoit « la demande du rêve », qui deviennent le symbole de cette dualité, entre rêve et réel, l'exil et le vrai lieu, le simple et le signe.

L'enfance, chance des signes de présence

Le lien entre la poésie et l'enfance est développé dans tout le recueil comme approche du réel. Il est magnifiquement condensé dans la strophe centrale du poème IX de « La maison natale » :

> **Or, de ces mots**
> **Je n'avais pas à pénétrer le sens**
> **Car il était en moi depuis l'enfance,**
> **Je n'ai eu qu'à le reconnaître, et à l'aimer**
> **Quand il est revenu du fond de ma vie.**

La rime entre « sens » et « enfance » concentre toute la poétique du recueil, encadrée par les mots en fin de vers : « mots », « aimer », « vie ». C'est un hymne à la poésie comme évidence, intensité de *vie* à travers le *sens* des *mots,* dans une saisie authentique que garantit *l'enfance*.

Cette approche authentique du monde, le recueil la met au jour à travers un rapport à la nature qui associe la saisie concrète, dont le symbole est cette « grappe rouge », et le cheminement à la découverte du monde. Chance d'ouverture à la « réalité rugueuse » du monde qu'il guette et accueille, la marche de l'enfant témoigne également de la tension entre l'ici et l'ailleurs. Elle est tour à tour joyeuse, comme dans les premières sections, ou douloureuse comme dans la quête de « La maison natale ». Le cheminement vise ainsi à éveiller, saisir ou célébrer une terre qui dort, qui réclame d'être guidée (p. 31). L'approche du réel est vécue comme expérience, d'émotions et de sensations. La marche est exacerbée dans le désir progressif du passage, le désir du rivage. C'est symboliquement l'enfant qui voit le navire à la dérive, qui demande rivage, dans un jeu de correspondances sonores (p. 96). Être « à la recherche de l'enfance perdue » engendre une double dynamique de l'élan et de la résistance, à l'image finale de ces « mains qui écartaient des racines […] se resserraient sur la roche qui résistait à leur prise ». Les élans de voix, cris et rires, accompagnent des gestes d'impulsion, « (s')élancer », « jeter », « rouler », « écarter », « fouiller », qui témoignent autant d'un désir d'au-delà que d'un consentement au mystère. Cet élan est à la fois étonnement, simplicité et évidence face à « un ciel à portée de main ».

La quête du vrai lieu dont témoigne chaque section n'est pas séparable d'une expérience de la lumière. L'enfant est une tache de lumière et il doit poursuivre « sa tâche de lumière dans l'énigme » (p. 75). L'enfance est à ce double titre une allégorie de la poésie. La lumière dans le recueil se vit au-delà des catégories, « or » dans les branches, « brillance » de l'eau qui ruisselle. Le double mouvement de solidification et de liquéfaction de la lumière court dans le recueil, de la première section au dernier poème où les enfants saisissent en riant « des pierres étincelantes dans le noir ». La lumière est un élément fondamental de l'écriture du rêve. Elle y apparaît le plus souvent en clair-obscur, mais derrière le mot « sommeil » résonne le mot « soleil », dont la « crête enflammée tard[e] à paraître » mais reste un horizon poétique.

Cette expérience de la lumière est conjointement une expérience sonore. Le recueil est rythmé par des bruits, des voix, des respirations qui témoignent du souffle du monde : bruit de l'eau, bruits de pas, conversations devinées, cris et rires, chant qui s'élève, désir de silence. L'expérience du monde se veut écoute, mais aussi « filtre », comme pour la lumière. Il s'agit non seulement d'entendre la rumeur du monde, celle, éclatante, du « tumulte », des voix qui « cognent », des cris « de toutes parts », mais surtout de saisir ce qui reste à peine « audible », ce qui s'enfuit déjà, à l'image de ce lépreux « dont on entend de loin tinter la clochette », alors que lui seul « laisse filtrer la lumière ».

À la question inaugurale de la dernière section « Pourquoi regardaient-ils l'horizon ? », le recueil formule une réponse par le retour obsessionnel du mot « rive », qui contient phonétiquement le prénom du poète « Yves », et qui témoigne de la problématique centrale de l'identité. La rive est une forme de carrefour, point de convergence des lieux opposés. Elle est, dans le recueil, un de ces lieux-frontières face auxquels se retrouve l'enfant. Cette limite – songeons à l'étymologie *limen*, le seuil – c'est aussi « la barrière que l'on pousse » (p. 78 et 109) ou le ravin, « la pente sous nos pieds », dans le dernier poème du recueil « Jeter des pierres », le risque de la dérobade. Affronter la limite est une façon de rechercher la source dans le seuil, l'origine dans les carrefours. Dans *Le Nuage rouge*, Bonnefoy évoque le « long chemin du retour vers la maison ordinaire – qui est le lieu ». Il associe ainsi le vœu d'un retour aux origines avec la matérialité d'un foyer. La maison « natale », « déserte », « perdue » demeure plus que tout une maison « ordinaire », visant « une sorte de sacré simple ». Contre une tradition poétique qui « écarte le quotidien » (Valéry), le choix du quelconque se révèle une chance de sauver le simple et la présence. « La maison / se révèle l'étoile », écrit Bonnefoy dans *Le Leurre du seuil*. « Maison », « barque », « étoile » et « poésie » deviennent équivalences, tissant dans *Les Planches courbes* la même voile qui vise l'adhésion au monde pour garantir une identité.

Ainsi le « vrai lieu » reste-t-il un horizon poétique. Car le recueil nous enseigne que le vrai lieu recherché – « maison », « rive », « barque » – s'entrevoit moins par une progression dans l'espace que par une régression dans le temps, une remontée de la conscience poétique jusqu'au passé perdu de l'enfance. La poésie du lieu où semblent nous conduire les « planches courbes » est à la fois une traversée toponymique, à travers des lieux vécus ou rêvés de l'enfance, temporelle, vers l'enfance, et poétique, à travers le dévoilement possible du rêve. Le vrai lieu demeure un horizon car il n'est pas habitable. C'est l'aspiration à la plénitude qui constitue le moteur de la quête. Le recueil témoigne d'une expérience du retrait, de l'écart. Le monde est perçu souvent « de loin ». C'est parce que le vrai lieu et la présence manquent que l'écriture poétique est possible. La poésie est à l'image de Cérès, qui conditionne sa fécondité au manque.

Glossaire

Allégorie : idée ou valeur abstraite représentée sous les traits d'un être humain.
Allitération : répétition de plusieurs consonnes identiques contribuant à produire un effet sonore.
Ambivalence : coexistence de deux tendances ou composantes

contraires, caractère de ce qui se présente sous deux aspects différents, avec une idée d'ambiguïté.

Anaphore : répétition d'un même mot ou d'une même construction au début de vers ou de phrases.

Antithèse : opposition de deux termes qui sont rapprochés pour mieux en faire ressortir le contraste.

Assonance : répétition d'un son voyelle dans une suite de mots rapprochés.

Asyndète : non-emploi d'un lien coordinatif attendu.

Chiasme : figure de construction avec inversion d'éléments couplés : symétrie en miroir (structure AB / BA).

Diptyque : œuvre artistique en deux parties symétriques.

Énonciation : « mise en fonctionnement de la langue par un acte individuel d'utilisation » (E. Benveniste, *Problèmes de linguistique générale*) : c'est l'acte même de produire un énoncé par un locuteur, destiné à un allocutaire. Les indices d'énonciation sont les marques de la présence de l'énonciateur inscrites dans le texte.

Hypallage : transfert plus ou moins complexe d'éléments caractérisants, notamment d'adjectifs.

Isotopie : récurrence d'un trait sémantique sur un ensemble.

Lyrisme : issu du mot « lyre », instrument à cordes associé à la figure d'Orphée, le lyrisme désigne à l'origine des poèmes chantés ou accompagnés de musique. Depuis le romantisme, le lyrisme désigne l'expression d'une subjectivité. Il se définit donc comme un type d'énonciation poétique centrée sur le « je » et qui mobilise un certain nombre de caractéristiques verbales (rhétoriques, rythmiques, prosodiques, sémantiques) par lesquelles se construit la subjectivité. L'évolution de la poésie au XXe siècle déplace le lyrisme de la subjectivité à l'ouverture au monde. Le lyrisme désigne alors moins le repli sur l'identité que l'ouverture à l'altérité.

Métaphore : figure de style qui met en relation deux éléments, un comparé et un comparant, en vertu d'un rapport d'analogie. La mise en relation s'effectue sans outil de comparaison. Une métaphore est filée quand elle se prolonge sur plusieurs lignes, vers ou poèmes.

Métatextuel (métapoétique) : ensemble d'indications renvoyant au texte (ou au poème) lui-même.

Métonymie : figure qui consiste à remplacer un terme par un autre, lié au premier par un rapport logique (rapport de cause à effet, contenant et contenu, abstrait et concret). Dans le cas du rapport du tout par la partie, il s'agit d'un type particulier appelé « synecdoque ».
Mètre : mesure d'un vers déterminée par son nombre de syllabes.
Mimétique : qui imite.
Modalisation : ensemble de procédés par lesquels un énonciateur nuance, atténue ou affirme sa position. La modalisation peut s'effectuer par l'emploi de modalisateurs comme les adverbes (*bien sûr, peut-être*...), les modes verbaux (le conditionnel), des verbes (*sembler, paraître*...), des adjectifs (*certain, probable*...) ou encore par l'emploi d'un lexique valorisant ou dévalorisant.
Onirique : relatif aux rêves, qui évoque un rêve.
Oxymore (ou oxymoron) : figure d'opposition qui consiste à placer dans un rapport de dépendance deux termes qui devraient logiquement s'exclure l'un de l'autre.
Phonème : son de voix, plus petite unité de langage parlé.
Pléonasme : terme ou expression qui répète ce qui vient d'être énoncé. La redondance peut produire des effets littéraires.
Polyptote : variante morphologique d'un terme unique ; pour les verbes, variations de modes, de voix, de temps ou de personnes ; pour les noms, variations de déterminants, de nombres, de genres.
Prosodie : terme spécialisé en métrique pour désigner les caractères quantitatifs et mélodiques des sons.
Sémantique : qui concerne le sens des mots.
Signifiant / signifié : Ferdinand de Saussure exposa dans son *Cours de linguistique générale* (publié en 1916) sa conception du signe comme une notion à deux faces : un *signifiant* (c'est-à-dire la forme concrète, acoustique ou graphique, du signe) et un *signifié*, qui désigne le contenu sémantique, l'ensemble des réalités à quoi renvoie le signifiant.
Synecdoque : figure de style qui consiste à prendre la partie pour le tout.
Synesthésie : combinaison de sensations différentes à travers lesquelles s'exprime une impression unique, mais diffuse. La théorie des correspondances a fait des synesthésies l'un des principes essentiels de

la connaissance : connaître, c'est découvrir l'unité cachée sous la diversité des choses et des sensations qu'elles provoquent.

Vers libres : vers qui ne respectent plus les règles de la versification traditionnelle (régularité des strophes, des mètres, rimes) et qui leur substituent d'autres éléments structurants. Le vers libre est apparu à la fin du XIXe siècle avec Rimbaud.

Bibliographie

Introductions à la poésie moderne

Marie-Claire Bancquart, *La poésie en France du Surréalisme à nos jours*, Ellipses, 1996.

Daniel Briolet, *Lire la poésie française du XXe siècle*, Dunod, 1995.

Laurent Fourcaut, *Lectures de la poésie française moderne et contemporaine*, Nathan Universités, 1997.

Daniel Leuwers, *Introduction à la poésie moderne et contemporaine*, Bordas, 1990.

Ouvrages généraux

Marie-Claire Bancquart, *Littérature française du XXe siècle*, PUF, 1992 ; (avec Pierre Cahné, dir.), *Poésie de langue française, 1945-1960*, PUF, 1995.

Michel Collot, *La poésie moderne et la structure d'horizon*, PUF, 1989 ; *La matière-émotion*, PUF 1997.

Philippe Delaveau (dir.), *La poésie française au tournant des années 80*, Corti, 1988.

Jean-Marie Gleize, *A noir, Poésie et littéralité*, Le Seuil, 1992.

Michel Jarrety (dir.), *Dictionnaire de poésie de Baudelaire à nos jours*, PUF, 2001.

Jean-Michel Maulpoix, *La voix d'Orphée*, Corti, 1989 ; *La poésie malgré tout*, Mercure de France, 1996.

Bernard Noël (dir.), *Qu'est-ce que la poésie ?*, J.-M. Place, 1995.

Jean-Claude Pinson, *Habiter en poète, essai sur la poésie contemporaine*, Champ Vallon, 1995.
Christian Prigent, *À quoi bon encore des poètes ?*, POL, 1995.
Jean-Pierre Richard, *Onze études sur la poésie moderne*, Le Seuil, 1964.
Robert Sabatier, *Histoire de la poésie française du XXe siècle*, Dunod, 1995.

Revues

Critique, n° 385-386, juin-juillet 1979, « 30 ans de poésie française ».
Le Débat, n° 54, mars-avril 1989, « Absence de la poésie ? ».
Europe, n° 645-646, « Poésie française d'aujourd'hui ».
Le Magazine littéraire, n° 396, mars 2001, « La nouvelle poésie française ».

Sur Yves Bonnefoy

Michèle Finck, *Yves Bonnefoy. Le simple et le sens*, Paris, José Corti, 1989 ; *Yves Bonnefoy et l'Europe du XXe siècle* (textes réunis par **Michèle Finck, Daniel Lançon et Maryse Staiber**), PU Strasbourg, 2003.
G. Gasarian, *Yves Bonnefoy, la poésie, la présence*, Seyssel, Champ Vallon, 1986.
J. E. Jackson, *Yves Bonnefoy*, Paris Seghers, 1976, édition revue en 2002 ; *La Question du Moi : un aspect de la modernité poétique européenne : Eliot, Celan, Bonnefoy*, Neuchâtel, La Baconnière, 1978.
Jérôme Thélot, *Poétique d'Yves Bonnefoy*, Genève, Droz, 1983 ; *Yves Bonnefoy*, Cognac, Le Temps qu'il fait, 1998.

Numéros spéciaux de revues sur Yves Bonnefoy

Le Magazine littéraire, n° 421, juin 2003.
Revue ***Europe***, juin-juillet 2003.

Notes
sur
Les planches courbes

P. 16

• **Alchimie** : nom issu d'un mot arabe désignant la pierre philosophale, lié à la magie noire. Désigne depuis le XIIIe siècle l'activité qui consiste à rechercher la transmutation des métaux. Le mot a pris au XIXe siècle la valeur métaphorique de « processus mystérieux ». Rimbaud évoque dans *Une saison en enfer* « l'alchimie du verbe ».

P. 19

• « Sa syrinx simple / Vaincre, Marsyas enfant, le dieu / De rien que le nombre » : Marsyas est un Silène, appelé aussi « Satyre », un démon de la nature. Il passe généralement pour l'inventeur de la flûte à deux tuyaux, la syrinx. Il défia Apollon, dieu de la Musique, de produire avec sa lyre une aussi belle musique que celle de la flûte. Le dieu l'emporte finalement. Dans sa colère d'avoir été défié, il saisit Marsyas, l'attache à un pin et l'écorche tout vif. Dans notre poème, « Marsyas enfant » semble prendre sa revanche – et avec lui tout enfant – sur Apollon, le prétendu poète qui ne sait que compter. Et il lui aura suffi d'une flûte simple, à un seul tuyau.

P. 21

• **Cérès** : nom romain de la déesse grecque Déméter, avec laquelle elle s'identifie. Déesse maternelle de la Terre, déesse de la terre cultivée, du blé. Sa légende est liée à l'enlèvement de sa fille Perséphone, née des amours avec Zeus, par son oncle Hadès tombé amoureux d'elle. Dès lors commença pour Cérès la quête de sa fille à travers le monde.

P. 22

• **Au faîte** : au sommet.

P. 26

• **Huppe** : oiseau passereau portant une touffe de plumes.

P. 36

• **Rédimer** : sens religieux initial de « racheter le genre humain par son sacrifice », puis « racheter une peine », « sauver ».

P. 38

• **Houle** : mouvement ondulatoire de la mer, s'emploie comme collectif pour « grosses vagues ».

P. 40

• « Le bruit des ramures réelles » : écho aux vers de Verlaine dans les « Ariettes oubliées » (*Romances sans paroles*, 1874) : « L'ombre des arbres dans la rivière embrumée / Meurt comme de la fumée / Tandis qu'en l'air, parmi les ramures réelles, / Se plaignent les tourterelles. »

• **Ajourer** : percer d'ouvertures, de jours.

P. 59

• **Iambe** : dans la versification antique, désigne un pied composé de deux syllabes, l'une brève, l'autre longue.

P. 65

• « Elle chantait » : allusion possible à la grande cantatrice anglaise Kathleen Ferrier dont Yves Bonnefoy a célébré la voix dans un poème d'*Hier régnant désert*, en 1958. On retrouve au vers 7 le motif du « fer » que, dans le poème de 1958, Bonnefoy tirait du nom de Ferrier.

P. 66

• **Fantasque** : qui surprend par son apparence bizarre.

P. 67

• « Était-elle la Parque ? » : les Parques sont les divinités du Destin (identifiées aux Moires grecques). Elles sont trois sœurs, représentées comme des fileuses. Elles réglaient la durée de vie de chaque mortel, à l'aide d'un fil que l'une filait, la deuxième enroulait et la troisième coupait (naissance, mariage et mort).

P. 71

• **Ulysse** : héros le plus célèbre de toute l'Antiquité, dont la légende constitue le sujet de l'*Odyssée*. La notation ne semble pas faire référence à un passage précis de l'épopée. On peut cependant penser aux derniers vers du chant V, avant la radieuse apparition de Nausicaa, ou au sommeil et au réveil d'Ulysse en Ithaque dans le chant XIII.

P. 72

• **Vénus** : divinité latine identifiée à l'Aphrodite grecque, déesse de l'Amour.

P. 73

• **Affre** : emploi ici singulier d'un nom pluriel, désignant le tourment, l'angoisse.

• **Brisant** : rocher sur lequel la mer se brise et déferle.

P. 74

• **Poupe** : arrière d'un navire (par opposition à « proue »).

P. 77

• « Bien que soit retorse / Aux branches du jardin d'Armide la chimère / Qui leurre » : le jardin d'Armide est une allusion au chant XVI de la *Jérusalem délivrée* du Tasse. Armide la magicienne, qui habite un riche palais, ensorcelle le chevalier français Renaud. La Chimère est un animal fabuleux, à la fois chèvre, lion et serpent. Elle fut tuée par Bellérophon, monté sur Pégase.

P. 79

• **Auguralement** : à la manière d'un présage, d'un signe favorable.

P. 85

• « Cérès moquée brisa qui l'avait aimée / Ainsi parle aujourd'hui la vie murée dans la vie » : allusion à un épisode des *Métamorphoses* d'Ovide (V, 431-459). Lasse de chercher à travers le monde sa fille perdue, Cérès s'arrête devant une porte et frappe. Une vieille femme lui offre un breuvage d'eau et d'orge. Quand elle boit avec avidité l'eau de la cruche offerte, un garçon, qui la regarde boire, rit d'elle et l'appelle « goulue » (illustration p. 36). Offensée, elle lui lance le reste de sa boisson. Le garçon se transforme en lézard et disparaît sous les pierres.

P. 87

• **Chambranle** : encadrement d'une porte, d'une fenêtre.

P. 88

• **Isis** : déesse égyptienne, femme d'Osiris, mère du dieu Soleil. Isis, comme mère des dieux, possède des mystères. La quête d'Osiris au royaume de l'Ombre et les lamentations d'Isis la rattachent souvent à Déméter (ou Cérès), qui elle aussi a bravé le monde de la nuit en quête de l'être cher. Cette assimilation est d'autant plus facile que Déméter est, elle aussi, une « Mère » et qu'elle possède des mystères. Bonnefoy reconnaît en Isis la déesse mère, dans *Rue Traversière* : « Ô Isis, Mère ».

P. 89

• **Remblai** : terres rapportées pour combler un creux ou rehausser un terrain.

• **Dodeliner** : balancer doucement.

P. 92

• **Nimbe** : nom employé au XVIIIe siècle à propos du cercle de lumière entourant la tête de Dieu et de saints, dans l'iconographie religieuse. Par extension, zone lumineuse qui entoure une personne, une chose, en emplois abstraits et poétiques.

P. 93

• Ce vers du poète anglais John Keats est extrait de l'*Ode à un Rossignol* de 1819. Yves Bonnefoy, dans son livre *Keats et Leopardi*, paru un an avant *Les Planches courbes*, en propose la traduction suivante : « quand déchirée / du regret du pays natal, elle se tenait droite / en pleurs, dans les sillons d'un autre blé ».

L'évocation de Ruth renvoie à un personnage biblique. Au temps des Juges (XIIe-XIe siècle avant Jésus-Christ), suite à une famine, Ruth, veuve originaire du pays de Moab, s'expatrie pour suivre sa belle-mère Noémi, qui elle-même vit en exil et a perdu son mari puis ses deux fils. Elles arrivent à Bethléem, terre de Noémi, au début de la moisson de l'orge. Ruth veut aller glaner aux champs des épis derrière les moissonneurs. Elle va travailler dans la propriété de Booz, qu'elle épousera. Leur fils, Obed, serait l'aïeul de David (*Livre de Ruth*, 1-4).

P. 96

• **Candélabre** : grand chandelier à plusieurs branches.

P. 97

• **Dieu des morts** : Hadès (ou Pluton), frère de Zeus (maître du Ciel) et de Poséidon (maître de la Mer). Il règne sur le monde souterrain, les Enfers. Il a enlevé Perséphone, la fille de Zeus et Déméter, dont il était tombé amoureux.

P. 101

• **Appontement** : plate-forme avec pont sur pilotis le long de laquelle un navire vient s'amarrer.

P. 108

• **Le fugace** : ce qui s'enfuit, dure très peu, change rapidement.

P. 111

• **Prunelles** : pupilles de l'œil.

P. 123

• **Fondrière** : affaissement de terrain souvent envahi d'eau, trou bourbeux dans un chemin défoncé.

TABLE DES MATIÈRES

La bibliothèque Gallimard, « texte et dossier »

Collège

Pierre Corneille – **Le Cid** (7)
Jean-Louis Curtis, Harry Harrison, Kit Reed – **3 nouvelles de l'an 2000** (43)
Didier Daeninckx – **Meurtres pour mémoire** (35)
Roald Dahl – **Escadrille 80** (105)
Alphonse Daudet – **Lettres de mon moulin** (42)
Michel Déon – **Thomas et l'infini** (103)
Régine Detambel – **Les contes d'Apothicaire** (2)
André Dhôtel – **Un adieu, mille adieux** (111)
François Dimberton, Dominique Hé – **Coup de théâtre sur le Nil** (41)
Alexandre Dumas – **La femme au collier de velours** (57)
Georges Feydeau – **Feu la mère de Madame** (47)
Émile Gaboriau – **Le petit vieux des Batignolles** (80)
Théophile Gautier – **Le roman de la momie** (157)
Romain Gary – **La vie devant soi** (102)
William Golding – **Sa Majesté des Mouches** (97)
Victor Hugo – **L'intervention** (119)
Franz Kafka – **La métamorphose** (128)
Eugène Labiche – **Un chapeau de paille d'Italie** (17)
Jean de La Fontaine – **Fables** (choix de fables) (52)
J.M.G. Le Clézio – **Pawana** (112)
Gaston Leroux – **Le cœur cambriolé** (115)
Marie de France – **Lais** (146)
Marivaux – **Arlequin poli par l'amour** et **La surprise de l'amour** (152)
Guy de Maupassant – **13 histoires vraies** (44)
Prosper Mérimée et Théophile Gautier – **Carmen** et **Militona** (158)

Prosper Mérimée – **Mateo Falcone et La Vénus d'Ille** (76)
Molière – **George Dandin** (87)
Molière – **L'Avare** (66)
Molière – **Le bourgeois gentilhomme** (33)
Molière – **Le malade imaginaire** (110)
Molière – **Le médecin malgré lui** (3)
Molière – **Les femmes savantes** (34)
Molière – **Les fourberies de Scapin** (4)
James Morrow – **Cité de vérité** (6)
Arto Paasilinna – **Le lièvre de Vatanen** (138)
Charles Perrault – **Histoires ou contes du temps passé** (30)
Marco Polo – **Le devisement du monde** (textes choisis) (1)
Jules Romains – **Knock** (5)
Edmond Rostand – **Cyrano de Bergerac** (130)
Antoine de Saint-Exupéry – **Lettre à un otage** (123)
George Sand – **La petite Fadette** (51)
Jorge Semprun – **Le mort qu'il faut** (122)
Robert Louis Stevenson – **L'île au trésor** (32)
Jonathan Swift – **Voyage à Lilliput** (31)
Michel Tournier – **Les Rois mages** (106)
Paul Verlaine – **Romances sans paroles** (67)
Jules Verne – **Le château des Carpathes** (143)
Voltaire – **Zadig** (8)
Émile Zola – **J'accuse !** (109)

Lycée

128 poèmes composés en langue française, de Guillaume Apollinaire à 1968 (anthologie de Jacques Roubaud) (82)
3 questions de dramaturgie (anthologie) (129)
La photographie et l'(auto)biographie (anthologie) (132)
Le comique (registre) (99)
Le dialogue (anthologie) (154)
Le didactique (registre) (92)
L'épique (registre) (95)
Le satirique (registre) (93)
Le tragique (registre) (96)
Portraits et autoportraits (anthologie) (101)
Pratiques oulipiennes (anthologie) (147)
Abbé Prévost – **Manon Lescaut** (159)
Guillaume Apollinaire – **Alcools** (21)
Louis Aragon – **Le paysan de Paris** (137)
Honoré de Balzac – **Ferragus** (10)
Honoré de Balzac – **Mémoires de deux jeunes mariées** (100)
Honoré de Balzac – **Le père Goriot** (59)
Jules Barbey d'Aurevilly – **3 diaboliques** (155)
Jules Barbey d'Aurevilly – **Le chevalier des Touches** (22)
Charles Baudelaire – **Les Fleurs du Mal** (38)
Charles Baudelaire – **Le spleen de Paris** (64)
Beaumarchais – **Le mariage de Figaro** (28)
Béroul – **Tristan et Yseut** (mythe) (63)
Albert Camus – **Le premier homme** (160)
Emmanuel Carrère – **L'Adversaire** (120)
Chrétien de Troyes – **Perceval ou Le Conte du Graal** (125)

Roger Martin du Gard – **Le cahier gris** (53)
Guy de Maupassant – **Bel-Ami** (27)
Guy de Maupassant – **Une vie** (26)
Henri Michaux – **La nuit remue** (90)
Patrick Modiano – **Dora Bruder** (144)
Molière – **Dom Juan** (mythe et réécritures) (84)
Molière – **L'école des femmes** (71)
Molière – **Le Misanthrope** (61)
Molière – **Le Tartuffe** (54)
Montaigne – **De l'expérience** (85)
Montesquieu – **Lettres persanes** (lettres choisies) (37)
Alfred de Musset – **On ne badine pas avec l'amour** (77)
Franck Pavloff – **Après moi, Hiroshima** (127)
Marcel Proust – **Combray** (131)
Raymond Queneau – **Les fleurs bleues** (29)
Raymond Queneau – **Loin de Rueil** (40)
Jean Racine – **Andromaque** (70)
Jean Racine – **Bérénice** (72)
Jean Racine – **Britannicus** (20)
Jean Racine – **Phèdre** (25)
Jean Renoir – **La règle du jeu** (15)
Shan Sa – **La joueuse de go** (150)
William Shakespeare – **Roméo et Juliette** (78)
Georges Simenon – **La vérité sur Bébé Donge** (23)
Catherine Simon – **Un baiser sans moustache** (81)
Sophocle – **Œdipe roi** (mythe) (62)
Stendhal – **Le rouge et le noir** (24)
Stendhal – **Vanina Vanini, Mina de Vanghel, Les Cenci** (141)

Cet ouvrage a été composé
et mis en page par Dominique Guillaumin, Paris,
et achevé d'imprimer
sur les presses de l'imprimerie Hérissey
en juin 2005.
Imprimé en France.

Dépôt légal : juin 2005
N° d'imprimeur : 99149
N° d'éditeur : 137622
ISBN 2-07-030998-3